No.6

顾问 史根东 刘德天 李兵弟 臧英年

美丽地球·少年环保科普丛书

人口爆炸的忧思

叶榄 孙君 主编

编者：丁娟 人与 马向于 王晨琛 龙海铮 刘振 阮俊华 杨建南 张涓 陆宏 陈飞 陈开锭 陈耀祥 尚耀庭 封宁 郭耕 崔志如 崔晟

地球的孩子太多太顽皮，闹得她难以呼吸……

陕西出版传媒集团
陕西科学技术出版社

图书在版编目（CIP）数据

人口爆炸的忧思 / 叶榄，孙君主编．—西安：陕西科学技术出版社，2014.1（2022.3 重印）

（美丽地球·少年环保科普丛书）

ISBN 978-7-5369-6026-8

Ⅰ.①人… Ⅱ.①叶… ②孙… Ⅲ.①人口增长—关系—自然资源—少年读物 Ⅳ.① C92-05 ② X24-49

中国版本图书馆 CIP 数据核字（2013）第 277417 号

人口爆炸的忧思

叶榄 孙君 主编

出 版 人	张会庆
策　　划	朱壮涌
责任编辑	李 栋
出 版 者	陕西新华出版传媒集团　陕西科学技术出版社 西安市曲江新区登高路 1388 号陕西新华出版传媒产业大厦 B 座 电话（029）81205187　传真（029）81205155 邮编 710061 http://www.snstp.com
发 行 者	陕西新华出版传媒集团　陕西科学技术出版社 电话（029）81205180 81206809
印　　刷	三河市嵩川印刷有限公司
规　　格	720mm×1000mm　　16 开本
印　　张	9
字　　数	118 千字
版　　次	2014 年 1 月第 1 版 2022 年 3 月第 3 次印刷
书　　号	ISBN 978-7-5369-6026-8
定　　价	32.00 元

版权所有　翻印必究

（如有印装质量问题，请与我社发行部联系调换）

序 言

拥挤的人口让地球难以承受

恶劣的空气让地球无法呼吸

肆意的破坏给地球带来浑身伤痛

流淌的蓝色血液变得日益浑浊

绿色的外衣被风沙染成了黄色

她看着那些精灵般的动物

一批批走向灭绝的不归路

看着最受她宠爱的人类正在走向毁灭

她只能给人类以警示

用灾难进行呐喊

呼吁人类珍爱生命

爱护这人类唯一生存的地球

环保专家的肺腑之言

叶　榄 中国环保最高奖"地球奖"获得者,中华慈善奖获得者,中国十大杰出青年志愿者,中国十大当代徐霞客,"墨子绿色与和平奖"、"林则徐禁烟奖"发起人。

人与自然的和谐是绿色,人与人的和谐是和平!

孙　君 中国三农人物,中华慈善奖获得者,生态画家,北京"绿十字"发起人,绿色中国年度人物,"英雄梦 .新县梦"规划设计公益行总指挥。

外修生态,内修人文,传承优秀农耕文明。

阮俊华 中国环保最高奖"地球奖"获得者,中国十大民间环保优秀人物,浙江大学管理学院党委副书记。

保护环境是每个人的责任与义务!让更多人一起来环保!

封　宁 中国环境保护特别贡献奖获得者,"绿色联合"创始人,中国再生纸倡导第一人。

保护森林,保护绿色,保护地球。

史根东 联合国教科文组织中国可持续发展教育项目执行主任,教育家。

持续发展、循环使用,是人类文明延续的根本。

杨建南 中国环保建议第一人。

注重于环境的改变,努力把一切不可能改变为可能。

聆听环保天使的心声

王晨琛 "绿色旅游与无烟中国行"发起人,清华大学教师,被评为"全国青年培训师二十强"。

自地球拥有人类,环保就应该开始并无终止。

张 涓 中国第一环保歌手,中华全国青年联合会委员,全国保护母亲河行动形象大使。

用真挚的爱心、热情的行动来保护我们的母亲河!

郭 耕 中国环保最高奖"地球奖"获得者,动物保护活动家,北京麋鹿苑博物馆副馆长。

何谓保护?保护的关键,不是把动物关起来,而是把自己管起来。

臧英年 国际控烟活动家,首届"林则徐禁烟奖"获得者。

中国人口世界第一,不能让烟民数量也世界第一。

崔志如 中国上市公司环境责任调查组委会秘书长,CSR 专家,青年导师。

保护环境是每个人的责任与义务!

陈开碇 中原第一双零楼创建者,中国青年丰田环保奖获得者,清洁再生能源专家。

好的环境才能造就幸福人生。

第1章 人与自然

人从哪里来？ ……………………………… 10
地球能承载多少人？ ……………………… 12
人类正在为自己建造地狱 ………………… 14

第2章 人满为患的忧虑

人口发展史 ………………………………… 24
未来人口 …………………………………… 26
人口增长过快与环境污染的关系 ………… 28
拥挤的地球 ………………………………… 30
超负荷的地球 ……………………………… 32

第3章 人口膨胀的危机

人口膨胀导致碳排放增多 ………………… 40
人口膨胀导致环境危机 …………………… 42
人口膨胀导致老龄化社会 ………………… 44
人口膨胀导致的粮食危机 ………………… 46
人口膨胀影响人类健康 …………………… 48

第4章 人口膨胀引发的气候变化

由人口到臭氧层 …………………………… 56
大量的汽车尾气 …………………………… 58
人口膨胀引发的温室效应 ………………… 60
人口膨胀导致生物多样性减少 …………… 62
人口带来城市热岛效应 …………………… 64

第5章 睁眼闭眼的烦躁

可怕的光污染 ……………………………… 72
让人耳鸣的噪音污染 ……………………… 74

人口爆炸的忧思

电磁污染 …………………………… 76
服装污染 …………………………… 78

第6章 满地垃圾人类造

人类的危险废弃物 ………………… 86
白色污染 …………………………… 88
有毒的废电池 ……………………… 90
处理垃圾的方法 …………………… 92

第7章 剧毒的泪水

饮用水源的污染 …………………… 100
可怕的酸雨 ………………………… 102
工业废水的倾泻 …………………… 104
地下水污染 ………………………… 106

第8章 人类战争危害

战争危害 …………………………… 114
近代战争 …………………………… 116
海湾战争的危害 …………………… 118
"橙剂"的危害 ……………………… 120
人们采取行动 ……………………… 122

第9章 爱人类爱地球

地球日的诞生 ……………………… 130
绿色革命 …………………………… 132
绿色革命的进程 …………………… 134
人类只有一个地球 ………………… 136
生态文明 …………………………… 138

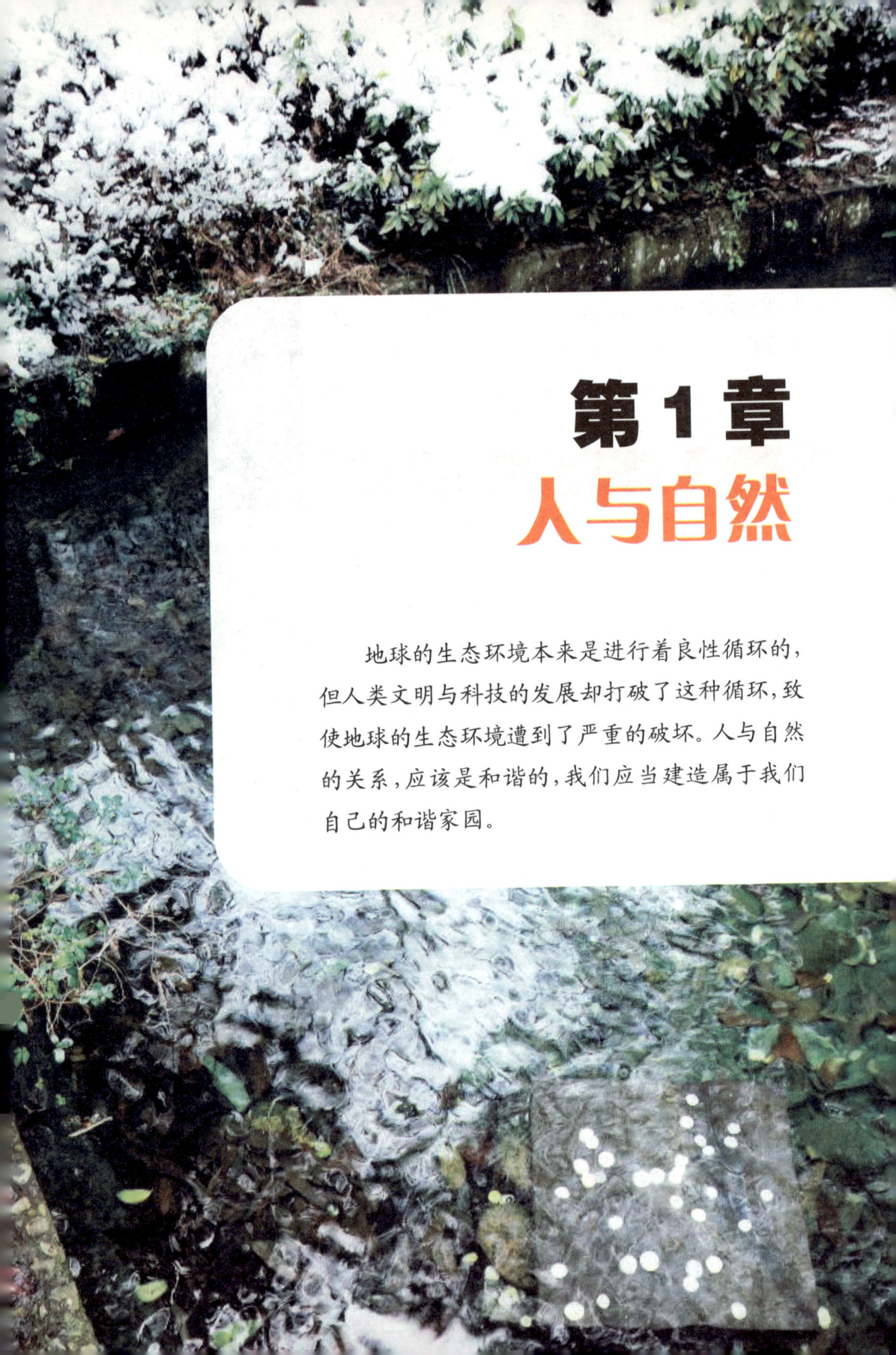

第1章
人与自然

地球的生态环境本来是进行着良性循环的,但人类文明与科技的发展却打破了这种循环,致使地球的生态环境遭到了严重的破坏。人与自然的关系,应该是和谐的,我们应当建造属于我们自己的和谐家园。

列出自己所需要的自然资源

课题目标

　　好好想一想，以你为例，查查身边所需要的自然资源，并提出你的环保小建议。

　　要完成这个课题，你必须：

　　1.和家长、老师或者好朋友一起合作。

　　2.了解人吃、穿、住、行等方面与自然的关系。

　　3.知道个人直接需要消耗的自然资源(种类、数量)。

　　4.身体力行，和朋友们一起做环保小卫士。

课题准备

　　可以与你的好朋友上网了解相关知识，从个人最熟悉的事物出发，查阅资料，咨询父母、老师。

检查进度

　　在学习本章内容的同时完成这个课题。为了按时完成课题，你可以参考以下步骤来实施你的侦探计划。

　　1.查询个人生活、学习所需要的资源。

　　2.各种资源与你的关系，为你提供哪些功能？

　　3.列出保护生态平衡的环保小计划。

　　4.实施行动，做一个环保小卫士。

总结

　　本章结束时，可以和你的侦探团成员一起向父母、老师展示你的调查成果。

人从哪里来？

从懵懂的孩童时代，人们就在思考，人从哪里来？这个问题从古至今各个国家都有传说。

我们中国古老的传说是：古时候天地混沌，盘古开天辟地，才有了天和地。女娲看世间寂静，便用泥土和水按照自己的模样捏成了人，于是，人便出现了，给这个大地带来了生机。而埃及和美洲印第安人的神话和我们国家的相似。埃及的创造力之神哈奴姆先用水和泥土塑造出了泥人，然后温柔的女生哈托再把生命注入泥人的身体里面。而在美洲印第安人的传说中，地神用暗红色的泥土和水做成男人和女人，男的名字叫做苏克，女的名字叫做晨星。在古希腊的神话中，是天神普罗米修斯和他的兄弟伊比米斯造了人类。在基督教《圣经》中，上帝先用6天的时间造了天地万物，在第7天里

延伸阅读

发现于北京周口店龙骨山的"北京人"遗址是世界上出土古人类遗骨和遗迹最丰富的遗址之一。先后发现5个比较完整的北京猿人头盖骨和一些其他部位骨骼化石，还有大量的石器和石片，共10万件以上。"北京人"保留了猿的某些特征，已会打制石器、使用天然火，过着群居生活。

创造了人。

可是神话终究是神话,是远古人类对自身来源的遐想,真实的情况是什么样呢?达尔文在他的《人类的由来及性选择》中给出了答案,他首先论证了人类是由动物进化而来的,又进一步论证了这种动物是古猿。现在科学家们普遍认为人类的发展分为4个阶段。第一阶段,早期猿人阶段,大约生存在300万年到150万年前,能够直立行走,制造一些简单的砾石工具。第二阶段,晚期猿人阶段。在距今大约200万年到30万年前,身体比较像人,脑容量较大,可以制造出比较先进的旧石器,开始用火,比如说我国北京周口店的北京猿人。第三阶段,早期智人(古人)阶段,在距今10万~20万年到5万年前,渐渐没有了猿的特征,和现代人比较接近,比如说欧洲等地的安德特人。第四阶段,晚期智人(新人)阶段,在距今约5万~4万年前,这时候的人类进化明显加快了速度,在身体形态上已经非常像现代人,已经有了雕刻与绘画的艺术,并且出现了装饰物。比如1933年发现的周口店龙骨山山顶洞人。这时候原始宗教已经产生,人类进入了母系社会。在晚期智人阶段,现代人开始分化和形成,并分布到了世界各个地方。

现在你知道人类是怎么来的了吧,早期人类进化成我们现在这个样子是花费了漫长的时间的。

地球能承载多少人？

延伸阅读

中国是世界上人口最多的国家。2011年，在中国大陆上居住着13亿3972万4852人（不包括香港特别行政区、澳门特别行政区和台湾省），约占世界总人口的19%，相当于欧洲＋澳洲＋非洲＋北美洲＋中美洲的人口总数。

地球的承载能力是一个生态学的术语，它的意思是，一个生态系统作为一个有机整体，在没有失去平衡的情况下能够生存物种的最多个体数，而这个平衡不是绝对的，是一个动态的平衡，可以上下波动，一旦生物的个体数超过了生态系统的承载能力，生态系统就会被打乱，生存的个体数量就会减少。就拿21世纪的美国凯巴布高原的生态系统来说吧。在凯巴布高原上，捕食者美洲狮和被捕食者鹿之间的数量关系相互制约着，鹿的数量在生态系统的承载能力范围之内，可是由于人类的干扰，捕食者美洲狮遭到了大量的捕杀，几乎全部灭绝，没有了天敌的鹿，开始大肆繁殖起来；由于鹿数量的激增，大量的自然植被被过度啃食，环境遭到毁灭性的打击，鹿群的数量远远地超过生态系统的承载能力，由于植被的大量减少，鹿群没有足够的食

人口爆炸的忧思

物来源,在其后的几年里,鹿群的90%个体被饿死,而其余的则在贫瘠的草地上在饥饿和疾病之间挣扎。这样,这个生态系统中美洲狮和鹿的数量都减少了。

那么,我们人类的数量一旦超过地球的承载能力会发生怎样的后果呢?地球对人口数量的承载能力,是指维持人们基本生活并且不会使环境退化到未来某一时期因缺乏食物和其他资源而突然出现人口减少的情况下,我们的地球村能够供养的人口数量。当然,这样子的前提条件是维持人们的基本生活,而且保持生态环境的平衡和稳定,不会造成生态失调和环境退化。

许多科学家认为,150亿人口是地球的极限,除非立即采取行动控制人口增长速度,否则地球资源将面临浩劫。全球人口会在2100年达到这个惊人的数字。

人类正在为自己建造地狱

地狱是什么样子的？

地狱，是指囚禁和惩罚生前罪孽深重的亡魂之地，是亡魂的监狱和刑场，也是灾害频繁、环境恶劣、不适合生命生存的地方。

而我们再不保护地球，终有一天会把地球建造成一个活地狱，从而葬送地球上的亿万生物。

一、灾害频繁

近几年，自然灾害频繁发生，地震、海啸、洪灾、龙卷风等各种自然灾害，已经让地球失去了几十万条人命与亿万财产。灾害频繁地发生与地球温度升高、环境恶化有很大关系。

二、资源枯竭

工业革命以后，人类进入了工业时代，极大地提高了生产力，但是人

人口爆炸的忧思

们也加快了向大自然索要资源的脚步。

可是,人类向大自然索要资源的方式太过"残忍",人类是以压榨的方式向大地索取资源,特别是依赖不可再生的矿产资源,例如化石能源的石油、煤炭、天然气等。如果地球资源一旦枯竭,那么我们人类该怎么生活?想一想,如果没有资源,我们的汽车不能奔跑,工厂的机器不能转动,没有图书可以阅读,也看不了电视、吃不了冰淇淋,是不是很可怕的一件事啊?

三、植被破坏

目前人类还在乱砍滥伐,破坏我们地球上的森林资源,如果没有了森林,没有了植被,我们的地球该是什么样子呢?

地球上所有生物的生命活动所利用的能量最终都来自太阳的光能。但是太阳的光能却是由绿色植物来提供的。绿色植物通过光合作用,把光能转变成化学能,贮藏在光合作用产生的有机产物中,比如说糖类、纤维素等。食草动物靠吃植物来获得能量进行繁衍生存,食肉动物则捕食食草动物,形成一个个相互关联的食物链;而我们人类就站在食物链的顶端,是杂食性动物,但是无法消化一些植物的植物纤维,所以,有的植物不

延伸阅读

据全球探明储量预测资源还可用多少年

石油:2040年采完

天然气:2075年采完

煤炭:2213年采完

黄金:2018年采完

铜:2059年采完

锡:2022年采完

锌:2034年采完

铝:2029年采完

磷酸盐:2049年采完

铁:3000年采完

能被人食用。

这也就是说,作为生产者的植物,是生态系统中消费者、分解者的基石,一旦没有了植物,我们的生态系统就会崩溃,随即,我们也将从这个星球上消失。

自然界中有各种各样的物质循环,其中绿色植物和非绿色植物起着非常重要的作用。比如在碳的大循环中,绿色植物在光合作用中吸收了空气中的二氧化碳,在植物叶片的叶绿素中通过光反应和暗反应将空气中的二氧化碳转变成糖类、纤维质等有机物质。而作为分解者的细菌、真菌把动植物的尸体、排泄物等有机物分解时,又用释放二氧化碳的方式将碳释放出来;动植物呼吸作用、物质燃烧、火山爆发所释放的二氧化碳,也可供绿色植物利用,形成了自然界碳的相对平衡。这其中,植物是作为一个碳的形态中转站的作用。吸收二氧化碳,制造出有机物,将气体状态的碳变成固体状态的碳,完成一轮转变。

破坏植被,就是破坏我们自己的家园。如果植被被破坏殆尽,地球上到处都将是风沙肆虐;没有植物吸收二氧化碳、排放氧气,没有植物给动物提供营养,地球上所有的动物包括我们人类都将无法生存,地球就会变成一个死气沉沉、毫无生机的星球。那么,为了阻止这种"地狱"情况的发生,我们应该怎样保护对我们如此重要的植物呢?答案是,适度砍伐,植树

造林，防风固沙。

四、物种灭绝

地球的第六次物种大灭绝已经开始了，这次由人类造成的生物灭绝将产生一连串的恶劣后果。地球上的每一个物种都是生物链的一环，一个物种的灭绝，将影响整个生物链的变化，引起数个物种的稀少与灭绝，这是倍减效应，物种灭绝的速度如果达到每年一个物种的程度，或许你可以按此计算出，人类还能生存多少年？

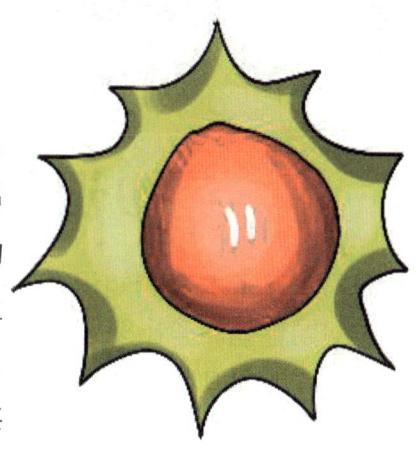

五、环境恶化

如果环境继续恶化下去，你将看不到蓝天白云，看不到清澈的溪水，看不到青青的草地，或许出行都要佩戴防毒面具，穿上防护服，这些肯定不是你想要的吧。

展开你想象的翅膀想一下，灰蒙蒙的天空下，一片荒芜，干裂的大地上，风沙漫天；没有粮食，没有水，干瘦的人类为了争夺最后的生存发生着战争，这不是地狱还会是什么？

人与自然是可以融洽相处的，如果人类保护大自然，大自然就会给你百倍的回报；而人破坏大自然，人类就会受到大自然百倍的惩罚。请好好爱护地球，让地球成为人类幸福的天堂，不要成为人类灭亡的地狱。

地球可以没有人类，但人类不能没有地球。

知识的复习与拓展

学习了本章的知识,你一定了解了人与自然之间的利害关系,下面这些问题你能回答出来吗?

1. 人与自然有什么样的相处关系?
2. 查找人与自然和谐共存的证据。
3. 如果没有人类,世界会怎样?

食物网

这个活动显示食物网中的动物是如何相互作用的。

1. 老师将安排你在一个食物网中扮演一个角色。
2. 将几根线的一头拿在手里,将另外一头给跟你所扮演的生物相关联的其他生物,其他生物都由同学扮演。
3. 老师现在要去除食物网中的一种生物,所有与该生物关联的同学都要把与该生物相连的线扔下。

活动结束后请思考:在去除了这一"生物"后,其他生物有多少种受到了影响?这一活动说明食物网中每种生物有什么重要性?

粮食危机触及系列危机

穷国社会危机

面对世界粮食危机,穷国及穷人陷入困境。在许多发展中国家,穷人食品消费占收入之比最高达75%,食品价格上涨对贫困人口的生活构成沉重打击。高涨的粮价正使一些贫困国家面临饥饿威胁,并导致社会动荡。喀麦隆、布基纳法索、塞内加尔、科特迪瓦等多个国家曾相继发生"粮食骚乱",造成人员伤亡。

富国道德危机

面对世界粮食危机,发达国家难辞其咎。一些发展中国家忽视粮食生产,与发达国家鼓吹自由贸易密切相关。许多发展中国家尤其是一些产粮国受"比较优势"的诱惑,将稀缺的耕地转向种植高收益农产品或工业用地。但是,国际市场是发达国家(金融寡头)操纵的市场,他们通过不断高涨的粮价,拿走了穷国在"比较优势"下获得的新增收益。富国不断增加补贴,用种植粮食的土地去种植生物燃料,鼓励本国的汽车与穷国的百姓争夺口粮。如今,国际社会越来越担心,发达国家似乎正在还原粮食的政治武器特色,以应对越来越"离心"的发展中国家和迅速崛起的新兴大国。

国际秩序危机

联合国秘书长潘基文呼吁,粮价危机如果不及时解决,将会使国际社会过去7年里的脱贫努力毁于一旦。面对世界粮食危机,联合国粮农组织心有余而力不足;经济合作与发展组织和"七国集团"的国际经济协调早就力不从心,不断需要新兴大国协助。诸多迹象显示,国际多边机制正陷入危机,区域与双边合作由此兴起。

● 好好听讲

你怎么上课不好好听讲呢？

老师，你冤枉我了！我正在好好听讲啊。

你刚才讲华南虎是我国的稀有动物。

啊！忘了你是英语老师。

● 龟兔赛跑

乌龟和兔子赛跑怎样才能赢？

这都答不上来？

这容易。起点在香港，终点在台湾！在海里赛跑兔子不如乌龟！

人口爆炸的忧思

● 海龟土鳖　　　　● 兔子钓鱼

第 2 章
人满为患的忧虑

随着生产力的发展,人口的增加,人类成为自然界的主宰,同时对生态系统的人为干预程度也越来越深,逐渐发生了生态环境被人为破坏的问题。据测算,地球表面曾有总面积达76亿多公顷的原始森林。合理控制人口增长是人们接下来几十年都要面对的问题!

寻找不同颜色的人种

课题目标

发挥你的才能,找到世界上不同皮肤的人种,并了解他们的数量以及生活分布。

要完成这个课题,你必须:

1. 和家长、老师或者好朋友一起合作。
2. 需要找到世界上皮肤颜色不同的人种。
3. 了解他们各有多少人口。
4. 如果可能,和他们做朋友。

课题准备

可以与你的好朋友上网了解相关知识,调查世界人口的分布,也可以通过电视节目了解相关情报。

检查进度

在学习本章内容的同时完成这个课题。为了按时完成课题,你可以参考以下步骤来实施你的调查计划。

1. 调查出目前世界上有哪几种肤色的人类。
2. 了解他们是在哪里分布的。
3. 了解他们的人口的流动历史。
4. 对比一下,看哪种肤色的人多。

总结

本章结束时,可以和你的侦探团成员一起向父母、老师展示你的调查成果。

人口发展史

地球已经变得越来越拥挤,越来越令人窒息了!

世界人口增长率的急剧上升和人口基数呈指数增长的现状,其重要标志为:人口翻番的时间越来越短。世界人口从5亿增到10亿用了200余年,从10亿增至20亿用了100多年,从20亿到40亿用了不到70年,从40亿到80亿需要的时间更短。

古代社会的劳动生产力非常低下,基本靠畜力和人的辛勤劳动来获取可供人们生存的微薄的食物,而且社会制度非常落后,世界大多数国家普遍处于封建社会,劳动者没有土地的占有权,辛勤劳动的大部分成果被地主统治阶级搜刮,剩下的只能满足基本的生存需要。而一旦发生自然灾害或是封建社会周期性的战争,人口就会锐减。

一方面是发生自然灾害或封建统治腐朽造成社会动荡引起食物不足会导致人口减少;另一方面是人民因为生存危机而被迫反抗统治阶级导致爆发战争会进一步导致人口减少。经过一段艰难的动荡时期后,出现一个新的统治阶级在战争中取得压倒性胜利,最高统治者往往会吸取前一个朝代灭亡的教训,采取休养生息的政策,大力发展生产,人口又将迎来一个增长的高峰期。然而封建制度是一个相当不稳定的社会制度,朝代的更替是相当频繁的,短则几十年,长的也不过几百年。纵观中国几千年的封建历史,朝代的更替数不胜数。人民也同时受到这样反复的煎熬,国家稳定、统治开明时期,人口增长；国家衰败、统治腐朽以及可能遇上自然灾害雪上加霜，人口减少。就是如此，循环往复，人口难有大的增长。

古代人的生存条件十分恶劣，人们普遍寿命较短。尽管当时的统治阶级出于战争和生产需要，大力鼓励生育，但由于医疗卫生条件太差，能够存活下来的婴儿有限；重男轻女的观念，溺死女婴；暴发大规模流行性的疾病，如欧洲历史上的鼠疫即黑死病，中国的天花、霍乱等。现代社会也经常会有流行性疾病的暴发，如疯牛病、禽流感、"非典"等，但是当今社会先进的医疗卫生技术足以在它们引起大面积社会危机之前将其遏止。

科技的发展让医疗卫生条件迅速提高，对于重大疾病的有效预防及遏止，使婴儿的存活率显著提高。人类改造自然的能力显著增强，农业科技的发展使世界粮食产量大幅度提高，人类不必再为食物担忧。至此，世界进入空前的有利于人口增长的时代，全球人口迅猛增长。

然而又出现了新的问题，以前是鼓励人口增长，经过数十年，人们突然发现，地球上几乎已经到了人满为患的地步，人太多了，又引发了"人口危机"。

延伸阅读

自第二次世界大战结束至今，世界人口迎来了一个高速增长的时期。在两次世界大战时期及以前，战争频繁、人类社会的劳动生产力低下、医疗卫生条件恶劣等一系列原因，尽管当时人们并没有节制生育的理念，但世界整体人口增长比较缓慢。由于近代生活条件和医疗技术全面改善，死亡率下降，人类平均寿命得以不断提高，这是人口急剧增长的最大原因。

未来人口

目前世界人口已经突破了 70 亿大关,预计到 2050 年,全球人口数目将从现在的 70 亿人上升到 90 亿人。

我国总人口到 21 世纪 30 年代中期将达到峰值 15 亿左右。人口计生委在报告中透露,未来十几年,我国人口多、底子薄、人均资源相对不足的基本国情没有根本改变。根据预测,未来十几年,我国人口总量仍将保持持续增长的态势,预计每年净增人口在 800 万~1000 万人之间。虽然我国目前已经进入了低生育水平国家的行列,生育水平虽然已经降至更替水平以下,但由于人口基数大,人口低增长率与高增长量将长期并存。

据新近完成的国家人口发展战略研究报告称,未来 30 年是确保低生育水平稳定、实现人口由缓慢增长到零增长的关键时期,"十一五"时期,收紧或放开生育政策都不可取。由于受 20 世纪 80~90 年代第三次出生人口高峰的影响,2005~2020 年,20~29 岁生育旺盛期的妇女数量将形

人口爆炸的忧思

现在,世界人口仍然在继续增长,每年新增人口7800万,其中95%的新增人口出生在发展中国家。据统计,2013年,世界人口已达70.6亿,中国人口达到13.5亿。专家预测2028年世界总人口将达到80亿,2050年将达到90亿。

成一个小高峰,导致出生人口数量也出现一个小高峰。同时,自实行计划生育以来全国已累计有近1亿独生子女。进入21世纪,这部分人陆续进入生育年龄,将使生育水平有所提高。上述两种因素共同作用,将使出生率和出生人口数量有明显增加。

人口增长过快与环境污染的关系

人是生物界中的一员,所以,生物种群消长规律有适用于人口增长的一面。但是,人又不同于一般的生物,所以,生物种群的消长规律又不完全适用于人口增长的情况。人的各种需求直接或间接地依赖自然资源,随着人口的增加,对生态环境形成的压力也愈加沉重。

人口增加,人类需求也不断增加。为了满足衣食住行的要求,人们违背自然规律的制约,不断进行掠夺性开发,比如毁林造田、毁林建房、采伐木材等,使得越来越多的森林受到破坏。森林的大肆砍伐,破坏了生态平衡,引起水土流失、土地荒漠化、生物多样性减少等一系列问题。

虽然水是可再生资源,但也有一定的限度。对某一区域,水循环的自然过程限制了该区域的用水量,这就意味着人均用水量是一定的。如果人口增加,用水量就会相应增加,同时污水也相应增加,而人均水资源则减

人口增加和经济发展,使污染物的总量增大。

人口爆炸的忧思

少。如果要维持生活水准,则需要开采更多的水资源,造成水资源缺乏日益严重,甚至导致水荒。

能源为人类生产生活所必需。随着人口增加和经济发展,人类对能源的需求量越来越大。20世纪60年代以后,发达国家能源消耗年均增长率为4%~10%,出现能源危机。现在能源危机已成为一个世界性的问题。为了满足人口和经济增长对能源的需求,除了矿物燃料外,木材、秸秆、粪便等都成了能源,给生态环境带来了巨大的压力。

在认识和处理人口数量增长与环境的关系时,我们应坚持辩证法,一分为二地看问题,一方面认识到人口增长可能导致对环境及资源的压力增大,生产和生活排污增加,也要看到人的主观能动性,即人对资源、环境利用、改造能力的增强,人口数量增长是环境受影响的因素之一,但不是唯一因素,更不是决定性因素。先进科学技术的利用,有利于改善和保护环境,但也不是说技术能完全解决环境问题,况且技术发展本身也会对环境产生影响。从历史的经验教训看,经济发展过程中,忽视对生态环境的保护是造成环境污染的重要原因。

大量工农业废弃物和生活垃圾排放到环境中,影响了环境的纳污量以及对有毒、有害物质的降解能力,加剧了环境污染,从而进一步影响到人类的健康。

拥挤的地球

延伸阅读

在对所有地球资源的消耗中，尤其严重的是人类对能源的消耗量，其中对化石燃料如石油、煤和天然气的使用量占据主导地位，这是自1961年以来人类资源消耗增长最快的门类。世界自然基金会指出，对能源的过度使用正在使人类遭受气候变化的威胁，政府、工业界和公众应该及时转向使用可再生能源、推广节能技术、节能建筑和节能交通系统。

地球自诞生以来，一直承受着诸如宇宙射线轰击、行星撞击、地震、海啸与飓风等各种自然灾害的频繁侵袭；同时，地球也随着人类社会的进步默默承受着来自人类活动的环境污染等。如今，在地球上，地下水水位不断下降，土壤正在被侵蚀，冰川正在融化，鱼群正在减少，将近10亿人口每天正在忍受着饥饿。

1987年，世界人口首次突破了50亿，1999年世界人口达到了60亿。而现在，地球人口已超过70亿。从联合国人口司到美国人口普查局，世界人口机构最近普遍预测，到2025年再增加10亿，并在2050年达到90亿。随着人口激增，现代生活方式的过度消费，人类对资源的需求正在急剧增加，给地球带来

人口爆炸的忧思

了巨大压力,水资源缺乏、土地沙漠化、生物多样性丧失等一系列环境问题愈加恶化,我们的地球已经处于严重超负荷的状态。联合国指出:随着人口的急促增长,大家要面对的资源短缺问题只会越来越严重。有专家甚至认为现在世界人口已经超出地球负荷,再多两个地球或者移民外太空,才可以解决空间不足的问题。

人口学家对过去40年来人类对自然资源的需求量与地球供给能力进行了比较,结果表明:1961年人类对自然资源的需求相当于地球再生能力的70%,80年代出现持平,1999年人类对自然资源的需求量比地球再生能力多出至少20%,人类在12个月中消耗掉的自然资源,地球生物圈需要花15个月才能再生。人类对自然资源的消耗量已经远远超出了地球的再生能力,换句话说,每年需要1.25个地球才能满足人类对资源的消耗。

超负荷的地球

我们只有一个地球,而且是一个开发过度、千疮百孔、负重不堪的地球。曾两上太空的荷兰籍宇航员安德鲁·库佩斯在发布报告时称:"从太空我可以非常清楚地看到人类活动对地球的影响,包括空气污染、水土流失和森林火灾。"世界自然基金会全球总干事吉姆也指出:"我们当前的生活方式过度消耗了自然资源,人们似乎认为还有另外一个地球可以利用。我们使用的资源量已超过了地球供给的 1/2。如果不改变这一趋势,地球支撑生命的能力会以惊人的速度衰退,这个数字会增长得更快,到 2030 年,即使有两个地球也不能满足我们的需求。"

世界自然基金会和英国伦敦动物园的动物专家们通过跟踪超过 2000 多种哺乳动物、鸟类、爬行动物、两栖动物以及鱼类的短期进化也得出:地球已经处于超负荷状态。如果地球环境照这样恶化下去,到 2030 年,人类可能需要两个地球才能支撑日常所需,而到 2050 年,则需要 3 个地球。根据数据显示,我们生活的地球正处在危险之中。据报告称,这 40 年间动物数量骤减,与人类对自然资源的掠夺有着直接的关系。

我们唯一的栖居地——地球,已经严重超负荷,它越来越不健康了,它早就在发出痛苦的呻吟,如果人类不能及时地采取补救措施,更弦易

人口爆炸的忧思

世界自然基金会的专家大卫·努斯鲍姆称：如果人类再不控制过度消耗自然资源的行为，地球可能会陷入不可修复的"生态破产"，地球"超负荷"运转的时间也不会太久。

辙，不远的将来，我们的子孙可能会面临无米可吃，无水可喝，无油（石油）可用，无屋可栖，无衣可穿的尴尬境地。人类在破坏地球环境的同时，也在毁灭着自己。所有这一切都在向人类发出警示：珍惜地球资源，转变发展方式，环境保护迫在眉睫！人类只有一个地球，尊重地球就是尊重生命，保护我们的环境就是拯救未来。

知识的复习与拓展

学习了本章知识,关于人口膨胀的问题相信你已经了解了。在这个越来越拥挤的地球上生活还真是不容易啊,如何才能合理地控制人口的增长是摆在我们面前的一道难题。在此之前,让我先考考你对本章知识的理解程度吧,请回答下面几个问题:

1. 目前人类所使用的资源量已超过了地球供给的多少?
2. 人口增长过快与环境污染的关系是什么?
3. 为什么古代人口的增长速度缓慢?

如果仔细阅读了本书,你一定能漂亮地回答上来!

人的趣闻

◆一般情况下,一个正常的人每年平均要消化1吨的食物与饮料。

◆在白天,人可以从井底看到星星。

◆人的一个喷嚏的时速可达到160千米。

◆每年5月出生的孩子平均比其他月份出生的孩子重200克。

◆站在地平线上,一般人的视线为4~5千米。若站在3000米的山顶上,视线可延展至210千米。若乘飞机升至12000米时,视线可延长至400千米。

◆人的瞳孔在看到一些令自己赏心的事时,能扩张到比平常大一半。

◆女性的心脏跳动平均比男性要快。

◆大陆移动的速度与人们指甲生长的速度恰好相等——都是每年5~7厘米。

◆人体共有206根骨头。三四十岁以后的人,尽管骨骼的数目不变,但人会变矮,原因是这时人身上的软骨逐渐变干。

人口爆炸的忧思

自制世界人口分布图

请描绘下面的一幅世界地图,然后上网搜集世界各地的人口数据,按照人口的多少用不同的颜色把它们涂在世界地图相应的位置上。然后看一看哪些地方人口最多、密度最大,哪些地方人口数量少、密度稀疏。

所需工具:

复印纸、彩色笔、印有世界地图的杂志或书籍。

实验步骤:

1. 可以自己动手描绘世界地图。
2. 上网搜索或者询问父母、老师每个国家的面积大小与人口数量。
3. 将人口情况相对应的颜色涂在世界地图相对应的国家里。
4. 涂好之后,看看哪里人多,哪里人少,然后把它们记录下来。
5. 拿给你的朋友们看,给他们讲讲关于人口的故事。

实验目的:

通过了解世界人口的分布来更好地认识人口膨胀的问题,对人类未来的发展方向以及我国人口现状有个大致的了解。

| ■ 密集 | ■ 拥挤 | ■ 一般 | ■ 稀少 |

● 无视

● 如此凶手

 调皮的弟弟

 鸭子与鸭蛋

第3章
人口膨胀的危机

随着人类人口数量的不断增多,出现了人口膨胀危机。人口膨胀危机,不仅仅带来了碳排放的增多,导致了温度的升高,还带来了老龄化问题。想要了解这些问题吗?那么,我们这一章就有详细的介绍哦。

寻找人口增加的正、负面影响

课题目标

发挥你的聪明才智,找到人口增加的正、负面影响,并身体力行实施你的环保小建议。

要完成这个课题,你必须:

1. 和家长、老师或者好朋友一起合作。
2. 了解人口增加都有哪些原因。
3. 了解人口增长对社会、环境有哪些影响。
4. 了解人口负增长对社会、环境有哪些影响。

课题准备

可以与你的好朋友上网了解相关知识,查询相关数据。了解人口增长与负增长的相关知识。

检查进度

在学习本章内容的同时完成这个课题。为了按时完成课题,你可以参考以下步骤来实施你的侦探计划。

1. 查出人口增长的原因。
2. 了解人口增长带来的正、负面影响。
3. 了解人口负增长带来的正、负面影响。
4. 对于人口增长提出你的建议。

总结

本章结束时,可以和你的侦探团成员一起向父母、老师展示你的调查结果。

人口膨胀导致碳排放增多

人类是地球上最聪明的灵长类动物,从石器时代的茹毛饮血到今天拿叉拿筷的文明时代,从四肢朝地到直立行走,人类用了万余年,而从冷兵器到热兵器时代用了300余年,从第二次工业革命到现在只用了百余年。人类在历史的轨道上不断加速进步。随着人类不断地征服地球,主宰着大自然,鲜明的特征就是人口的爆炸,海陆空都有着人类的足迹,从城市到乡村,无处不是拥挤的人口。

而人口多,碳的排放量一定多。人们的吃饭呼吸,开车走路,一举一动都在排放着二氧化碳,它是导致全球变暖的罪魁祸首。下面我们给出一些官方的数据。1双一次性筷子,碳排放0.01千克。1包香烟,碳排放0.02千克。1千克洗衣粉,碳排放0.72千克。飞机出行1000千米,碳排放280千克。乘坐中等油耗小轿车出行1000千米,碳排放300千克。1千克肉类食品,碳排放1.4千克。1件衣服,碳排放6.4千克。1瓶啤酒,碳排放0.2千克。

人类越多,人类活动就越多,人类活动一定会带来二氧化碳的排放。虽然大自然有一定的自我调节能力,但是人类活动的碳排放量远远超过了大自然的自我调节能力。就拿一位普通居民的一天生活为例。早晨:洗头、饮水机烧水、煤气做早餐(鸡蛋羹、香

肠、面包、牛奶)、出门开车半小时到单位。上午:办公、开打印机、开电脑、给手机充电、吃点零食。中午:到单位外边和朋友吃了顿饭,喝了两瓶啤酒。下午:办公。下班:开车上街买了一件衣服。晚上:开车回家、做晚饭、洗衣服、开电脑玩、洗澡、睡觉。这样一天至少排放 50 千克二氧化碳,需种植 1 万棵树才能吸收。这个数字是惊人的。因为据 2012 年统计,全球有 63 亿人口!

看来,要控制碳排放,控制人口也是一方面啊。

一个方便的计算公式可以计算家庭的碳排放量,将用量与相应的二氧化碳排放强度系数相乘——用电的碳排放:度数 × 0.785(千克),用水的碳排放:吨数 × 0.91(千克),用气的碳排放:立方数 × 0.19(千克),耗油的碳排放:升数 × 2.7(千克)。

根据家庭人口,可以计算出年、月人均碳排放量,算算你家的碳排放量吧。

人口膨胀导致环境危机

生活水平越来越高的情况下,个人所消耗的资源必定越来越多。随着人口的增加,食物、水、能源及其他生活必需品必然相应地按比例增加,这将导致自然资源的进一步匮乏,破坏生态平衡。人口的增加,人类生产、生活产生的大量三废(废水、废气、废渣)必然也会增加,最终导致环境恶化。

经济的发展、人口的激增会造成城市化,大量人口流入城市,势必造成城市更严重的污染,城市的消耗远远大于农村、乡镇。垃圾增多、交通更拥挤、用水用电紧张、噪音污染、光污染加剧。

土地是人类获取生存资源的基地,是人类生存的主要环境因素。在全球1.49亿平方千米的大陆土地上,只有1/4面积的土地适于耕种,1/4面积的土地适于放牧,而且分布很不均衡。因为土地资源有限,人口增多,就减少了人均土地拥有面积,1公顷耕地可以养活4个人,人口的膨胀会导致耕地不断转为他用,城市扩展、修公路、建工厂等,就会减少耕地、减少绿地面积,这样将导致耕地面积减少,引起粮食危机。

为了解决人口膨胀引起的粮食危机,在耕地越来越少的情况下必然

人口爆炸的忧思

要加大土地的利用，这又使得土地侵蚀加重，肥力下降，导致土壤沙化。又因为城市化扩展和工业的发展，大量的废水、废渣排入农田，化学农药的泛滥，造成土壤污染，影响种粮食的收益，构成对人类生存和发展的威胁。

人口的膨胀必然引起用水量增加，导致淡水资源的不足。很多城市为了解决用水问题，盲目超采地下水，使得城市地下水位逐年下降，引发海水内侵、城市地面下降等灾害。

人口的增加需要解决人类粮食、住房、燃料和商业的需要，人类不断开垦荒地、砍伐森林、毁林造田，这样又造成严重的水土流失，土地沙化严重，世界沙漠化面积已占据世界陆地面积的1/3。

不论从怎样的角度考虑人类的生存发展，人口的激增对环境的冲击是巨大的、多方面的甚至是灾难性的，应引起人们的高度重视。

中国发生地面沉降灾害的城市超过50个，最严重的是长江三角洲、华北平原和汾渭盆地。由于地面沉降，有些城市甚至被预言会在几十年后消失。其中，华北平原区地面沉降量超过20厘米。

人口膨胀导致老龄化社会

延伸阅读

虽然社会老龄化有很多弊端,但是凡事都有两面性。老龄化社会还是有一定好处的。因为从社会老龄化可以看出,国家的繁荣昌盛,经济的繁荣,科技的发达,生活水平的提高等,也可以开发和利用老年人力资源,充分发挥老年人的作用。

大家有没有发现,周围的老年人越来越多,早上的公园随处可见众多的锻炼身体的老人,傍晚黄昏街道上、公园里到处是纳凉休闲的老人,如果一个国家的老年人口达到一定的数量就会出现老龄化社会。按照联合国的传统标准,一个地区60岁以上的老人达到总人口的10%,而新的标准是65岁老人占7%,就将该地区视为老龄化社会。

我国2000年的第五次人口普查中,65岁以上老人已达到8811万人,占总人口的6.96%,60岁以上老人达到1.3亿人,占总人口的10.2%,所以,我国已经进入老龄化社会。那么,进入老龄化社会有什么现象呢?会出现

什么问题呢？是不是一件好事呢？

老龄化社会为青年人带来的问题多，基本的养老保险支出较大，拿退休金的人多，干活的人少，青年人就要多干活才能创造出更多的财富，青壮年的压力大、负担重。还有，老年人的增多，看病就医人多的问题就出现了，而医疗器械就是那么多，就会导致看病难、看病贵的问题。青壮年为工作奔波劳碌，老年人闲暇时间较多，可能会出现社会文化偏向老龄化。其实，老年人毕竟是弱势群体，还有很多没有经济来源的老年人，那么赡养这些老人就是一个问题了，是国家出资盖养老院还是子女赡养老人，国家出资就耗资太大，如果子女赡养，但是现在多为独生子女，一对夫妻两对父母，压力太大。

人口的老龄化，归根结底就是人口膨胀"闯"的祸。正是由于人口的快速增长才导致社会进入老龄化。

而我们国家是一个典型的未富先老的国家，就是国家还没有发展到发达国家就已经提前进入老龄化社会。这是一种弊端极大的现象。一个社会进入老龄化社会就代表着老人占社会总人口的比例增加了，相对地来说创造财富的劳动力比例则下降了。这样子对一个"未富先老"的国家或社会来说存在着很大的问题：一是创造社会财富的人在不断地减少，影响综合国力和竞争力的提高；二是消耗社会财富的人在不断地增加，特别地影响人民生活质量的提高；三是社会要提供更多的医疗、生活服务等非生产性资源来为老年人进行服务。

这样一来，我们国家的青少年将减少，则劳动力短缺，劳动力短缺则导致国家的生产力跟不上，生产力跟不上会导致国家发展缓慢。这就像是一个恶性循环，会导致我们国家的发展落后于其他国家，而不能跻身于发达国家之列。

所以，控制人口发展，减缓进入老龄化社会的速度刻不容缓，迫在眉睫，是帮助我们国家走向富强之路的一种方法。

人口膨胀导致的粮食危机

　　人口的膨胀不仅带来了住房紧张、教育问题、医疗资源紧缺等问题，还带来了一个重要的问题——粮食问题。100多年前，我们的地球只有16亿居民，而现在我们的地球村有70亿人口，虽然我们现在人类的时代是一个变革的时代，富有创造力，又有着先进的科技，生产力在不断地提高。可是，毕竟地球上的土地是有限的，那么地球上有限的粮食足够养活这么多的人吗？

　　虽然现在人们的生活比过去更加富有，身体更加健康，但是贫富之间的差距却越来越大。根据世界卫生组织的数据表明，美国有一半的成年人由于营养过剩而导致肥胖，而世界上许多地方的居民还处于饥饿状态，每天有多达1.3万名婴幼儿死于营养不良或由此引起的疾病，这就是，世界上有的人富得肥胖，有的人饿得皮包骨头。

　　当世界人口不断增加，人类对粮食的需求也越来越多，而目前世界粮食产量每年还不到20亿吨，20亿吨谷物能够养活100亿勤俭节约的人，

或者够养活 30 亿浪费粮食的人。

  世界上人口越来越多,将会引发一连串问题。粮食不足是其中一个主要烦恼,专家至今仍想不出一套可行的办法,可以喂饱世界上所有的人。万一农作物失收,极可能引发大规模的饥荒,就算有饭吃,营养不良的人数势必大幅增加。

  可以预见,当人与人之间因为生存问题引发冲突时,国与国之间或地区与地区之间的矛盾也会加剧,恐怕数十年后,世界上的战争会比现在更加频繁,人类将难逃战争的浩劫。

  由此可见,控制人口增长的任务艰巨而紧迫。从现在起再过50年,世界人口极有可能达到89亿,而绝大多数新增的人口都将出生在经济落后的发展中国家,可见控制人口增长对于发展中国家来说尤为重要。

人口膨胀影响人类健康

　　人口膨胀带来的首先是拥挤，拥挤不仅影响人类的身体健康而且影响人类的心理健康。在拥挤的情况下人的血压会偏高,人们身体患病的几率会更高一些。人体内的儿茶酚胺含量会升高,肾上腺素分泌也会提高,皮肤的导电系数也明显增加。人们如果长期在高密度环境下生活,会引发各种疾病或使病情加重。这是健康方面的,还有心理方面的。在心理方面,高密度人群的拥挤会导致个体产生消极的情感,在较高密度的空间里,男性体验到的消极情感比女性更强。女性在近距离内的社会交往往往会有更大的亲和力，而男性的竞争动机强，所以和他人距离过近会产生威胁感，还会导致攻击性的增强。密度可能影响儿童的攻击性行为,空间密度过高或过低,攻击性行为都减小；在适度拥挤的情况下,男性的攻击性增加,造成人际关系不和谐。因此,人际关系的吸引也会下降。男性的反应比女性强烈。男女都会有不同程度的唤醒,但是社会习俗和规范允许女性更接近他人,用以缓解心理压力,导致了高密度下女性较高的人际吸引和合作性；而男性如果这样,则被视为不合理,男性对高密度的负面评价较多。

　　人口爆炸导致的拥挤还会导致交通的拥挤。坐公车上下班的人体验着一种富于更应激的生活方式，带来更多的身心健康问题。有人调查了

人口爆炸的忧思

682名护士的应激症状,发现在路途上花的时间与应激程度成正相关。司机的应激状况,总的表现为负性的情感、认知和行为,攻击性强、焦虑、厌倦驾驶,及与他人交往时常常过度反应。

所以说,人口的膨胀会造成人口的拥挤,而人口的拥挤不仅会造成住房紧张还会造成对人类健康的影响。就住房紧张而言,其实也是影响儿童的身心健康的,儿童成长所在的空间大小,会直接影响儿童的心理健康,研究证明,成长在较为宽敞空间的儿童的心理往往比生长在狭隘空间中的儿童心理更豁达、更健康。

因此,人口膨胀对人类的健康生活有这么大的影响,适当地控制一下人口的增长是必要的。比如,我们国家早在30多年前,就开始实施计划生育政策,提倡男女平等,每家每户只要1个孩子。这成为了我们国家的一个国策,成效显著,减少了许多人口。我们应该呼吁其他国家向我们国家学习,比如非洲国家。在非洲国家,平均每个母亲孕育5个孩子,这个数字是惊人的。1个母亲有5个孩子,每个孩子都要组成家庭,就有5个家庭,每个家庭又有5个孩子,这样1个母亲就有了25个后代了,那么,非洲有多少个这样的母亲呢?又要有多少个后代呢?

所以,应该控制人口膨胀,保卫大家的健康生活。

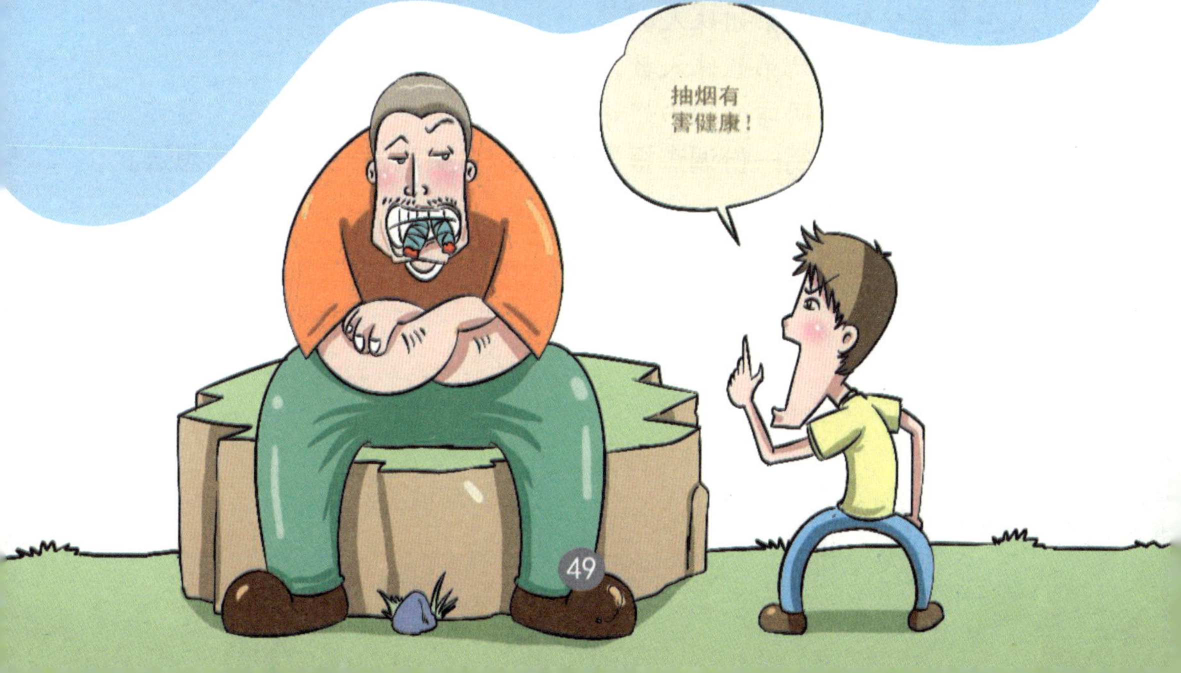

知识的复习与拓展

学习了本章的知识,你应该了解了人口膨胀带来的危机。下面考你几个问题,请加油回答上来吧!

1. 主要是什么气体导致了温室效应?
2. 在非洲,平均每个母亲养育几个孩子?
3. 一双一次性筷子消耗多少碳排量?

查找你的族谱

向父亲询问,查找你家的族谱,看看祖辈的人口变化。为了本次调查,你需要:

1. 调查祖辈的兄弟姐妹人数。
2. 调查父辈的兄弟姐妹人数。
3. 调查自己的兄弟姐妹人数。
4. 调查班级里同学的兄弟姐妹人数。

观察之后可以写一份调查报告,也可以口头表述一下自己的想法。

制作城市人口密度地图

　　根据你所在的城市地图来绘制人口密度地图。哪些地方人口最多,哪些地方人口最少。

你需要:

1. 绘制所在城市的简化地图。
2. 了解所在城市的繁华区、住宅区、工厂区。
3. 彩色笔。
4. 一张白纸。

制作方法:

　　先在白纸上描画出所在城市的地图,用 ▇ 代表人口拥挤,用 ▇ 代表人口一般,用 ▇ 代表人口稀少。将你所在城市的人口密度情况标注出来吧。

●严重的沙尘暴

●丢垃圾

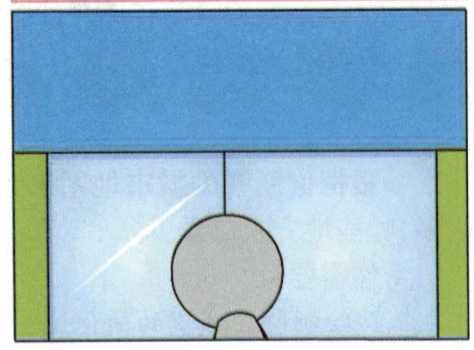

●尾气

●付一半钱

第4章
人口膨胀引发的气候变化

细心的你可能已经发觉,我们身边的气候正在悄悄地变化着,这些气候的变化中,有很多是因为人口膨胀引起的,你想了解吗?那么,就仔仔细细地阅读我们这一章吧。

测量各地的温度

课题目标

发挥你的调查天赋,用温度计测量出居住地附近各处的温度,并把它们记录下来。

要完成这个课题,你必须:

1.和家长、老师或者好朋友一起合作。
2.需要用温度计测出家附近、公园、街道等处的温度。
3.把它们的温度记录下来。
4.比较一下这些地方哪里的温度高,哪里温度低。

课题准备

可以与你的好朋友上网了解温室效应的相关知识,可以观看有关温室效应的记录片或教育类节目。

检查进度

在学习本章内容的同时完成这个课题。为了按时完成课题,你可以参考以下步骤来实施你的调查计划。

1.测量出居住地每一处地域在同一时间的温度值。
2.比较它们的温度值高低。
3.想想为什么会造成这种现象。
4.把你的感想写下来与伙伴分享。

总结

本章结束时,可以和你的侦探团成员一起向父母、老师展示你的环保调查成果。

由人口到臭氧层

正如它的名字那般，臭氧的确是一种有臭味的气体，常温下为浅蓝色。它像一个巨大的过滤网一样，吸收太阳辐射出的几乎全部紫外线，就像地球的一道天然保护屏障，有效地保护地球上的生命免遭过量紫外线的伤害，并将能量贮存在上层大气，起到调节气候的作用，因此，臭氧层也被誉为地球的"保护伞"。但臭氧层是一个很脆弱的大气层，其中如果进入一些能破坏臭氧的气体，它们就会和臭氧发生化学作用，臭氧层就会遭到破坏。臭氧层被破坏，将使地面受到的紫外线辐射强度增加，给地球上的生命带来很大的危害。

1974年，有科学家发现人类排放的化学物质正在不断消耗臭氧层，尽管很多国家已经开始采取措施；1985年，英国科学家首次发现，南极上空的平均臭氧含量在9~10月减少一半左右，这种现象呈周期性出现。北极臭氧层耗损也很明显。到了2006年，人们在南极大陆上空发现的"臭氧层空洞"的最大值，已经相当于整个非洲那么大了。此外，在北极上空和一些中纬度地区，也不同程度地出现了臭氧层损耗现象，其中就包括我国的青藏高原。

这是为什么呢？臭氧层破坏怎么这么严重？其实，归根结底还是人口膨胀"惹"的祸。由于人口的快速增长，人们对各种物资的需求量就增多。而人口的增多，就需要更多的空调，而臭氧层的破坏就是空调制冷剂"闹"的，即氟利昂。

氟利昂用于制冷装置的冷冻剂、气溶胶、有机溶剂和泡沫发泡。氟利昂作为氯氟烃物质中的一类，是一种化学性质非常稳定，且极难被分解、不可燃、无毒的物质，被广泛应用于现代生活的各个领域。清洁溶剂、保温材料、制冷剂、喷雾剂、发泡剂当中都使用了氟利昂。氟利昂在使用中被排

人口爆炸的忧思

联合国环境规划署自1976年起陆续召开了各种国际会议，通过了一系列保护臭氧层的决议。尤其是在1985年发现了在南极周围臭氧层明显变薄，即所谓的"南极臭氧洞"问题之后，国际上保护臭氧层以及保护人类子孙后代的呼声更加高涨。从1995年起，每年的9月16日被定为"国际保护臭氧层日"。

放到大气后，其稳定性决定它将长时间滞留于此达数十年至近百年。氟利昂不能在对流层中自然消除，只能缓慢地从对流层流向平流层，在那里被强烈的紫外线照射后分解，分解所产生的原子氯会破坏臭氧层。

臭氧层破坏是当前全球面临的环境问题之一，对人类健康及其生存环境会造成重大的危害，一旦臭氧层越来越稀薄，大量的紫外线辐射就能破坏生物蛋白质和基因物质脱氧核糖核酸，造成细胞死亡；使人类皮肤癌发病率增高；伤害眼睛，导致白内障发病率增高；能损伤植物激素和叶绿素，从而使光合作用水平降低，造成农作物减产，抑制植物如大豆、瓜类、蔬菜等的生长。紫外线辐射可杀死水面下近10米深度内的单细胞海洋浮游生物，破坏海洋生态系统的食物链，导致生态平衡被破坏。

大量的汽车尾气

自1886年第一辆汽车诞生以来,它给人们的工作和生活带来了极大的便利,逐渐成为人类不可或缺的交通运输工具,汽车制造业也已经发展成为近现代物质文明的支柱产业之一。但我们也应该看到,在汽车产量、保有量不断增加和汽车产业高速发展的同时,大量汽车所带来的尾气排放物,已经给大气环境造成了十分严重的污染。

汽车尾气中一氧化碳的含量最高,它经呼吸道进入肺泡,被血液吸收后,与血红蛋白牢固结合,形成碳氧血红蛋白,降低血液的载氧能力,削弱血液向各组织输送氧的功能,造成反应、理解、感觉、记忆等神经系统功能障碍,重者可危害血液循环系统,导致生命危险。

可是,由于人口的膨胀,人们所需的汽车越来越多,结果是人口的膨胀导致了大量的汽车尾气污染。

汽车尾气中尤以含铅汽油对人体的危害最为严重。城市大气中的铅一半以上来自汽车含铅汽油的燃烧。铅在废气中呈微小颗粒状态,随风飘散。铅进入人体后,分布于人体各个主要器官,人体中铅含量超标可引发心血管系统疾病,并影响肝、肾等重要器官及神经系统的功能。由于铅尘比重大,通常悬浮在1米左右高度的空气中,因此对儿童健康的威胁最大。居住在

商业区、交通干线附近的儿童,他们血液中铅的含量比远离干线的儿童高得多。汽车尾气对儿童的危害不可低估,长期吸入这些气体,可发生贫血、眼病、肾炎等。有人称上述疾病为"城市儿童交通病"。

汽车尾气还能形成光化学烟雾。当汽车废气在空气中达到一定浓度后,受阳光中紫外线照射会发生光化学反应,生成臭氧、过氧酰基硝酸酯、醛类、二氧化氮等多种具有很强氧化能力的光化学氧化剂。这些光化学反应产物即使在浓度极低的情况下,也会给生物造成重大的不良影响。其对健康的危害主要表现为引起慢性呼吸系统疾病、红眼病等;导致树木枯死,农作物大量减产;能降低大气的能见度,妨碍交通。

如果能够减少人口的膨胀,减少人们对汽车的需求量,就能减少汽车尾气的排放,减少汽车尾气对环境、对人类身体的危害。

延伸阅读

美国心脏协会估计,仅在美国,被汽车尾气污染的空气导致大量人死亡。美国宇航局(NASA)最近的一项研究表明,中国为世界上汽车尾气污染最严重的国家。如今中国大城市尾气污染的严重程度相当于每人每天吸入3包烟。同时,汽车尾气产生的细小颗粒也是传播流行病菌的主要载体。专业人士称,2003年来无影去无踪的"非典",也可能与日益严重的汽车尾气有关。

人口膨胀引发的温室效应

人口的膨胀引发了气候的变化,其中就有温室效应。下面就介绍一下温室效应的影响。

对环境的影响

温室效应致使海洋温度升高,海水受热后体积膨胀,南极和格陵兰岛的大陆冰川加速融化,会导致海平面上升,淹没沿海低海拔地区。而现在,地球上第一个被海水淹没的有人居住岛屿即将产生——位于南太平洋国家巴布亚新几内亚的岛屿卡特瑞岛,现在岛上主要道路水深超过半米,农地也全部被海水浸泡而无法耕种。

如果海洋温度持续升高,水分蒸发加快,大量水汽被输送到大气中,会导致局部地区在短时间内降雨量激增,继而导致水灾、泥石流、山体滑坡等灾害的频繁发生。

延伸阅读

海平面的显著上升对海域附近的低洼地区及海岛会造成严重的经济损失,例如:加快沿岸沙滩被海水冲蚀、地下淡水被上升的海水推向更远的内陆地方的速度。全世界有超过一半的人口居住在离海岸线不足500千米的区域,陆地面积缩小会极大地影响人类的居住环境,甚至可能导致战争发生。

人口爆炸的忧思

全球气温上升,北极冰层融化,被冰封十几万年的史前致命病毒可能会重见天日,而目前人类对这些原始病毒没有抵抗能力,这些史前致命病毒将会严重威胁人类,导致全球陷入疫症恐慌。

温度升高的结果会严重影响生物物种以至种群的繁殖和发展,整个大自然生物多样性会受到威胁,大量物种灭绝的步伐会加速。

对健康的影响

温室效应致使过敏症加重。随着二氧化碳浓度和温度的逐渐升高,花期提前到来,花粉生成量增加,使春季过敏症加重。

温室效应会导致肾结石、肺部感染患病率高发。由于气温升高、脱水现象增多,泌尿系统结石患者会越来越多;夏季温度过高,会加剧臭氧污染,极易引发肺部感染。

温室效应致使外来传染病暴发,水环境温度升高会使蚊子和浮游生物大量繁殖,登革热、疟疾和脑炎等时有暴发。

温室效应致使水温升高导致蓝藻高速繁殖,从天然湖泊到市政供水体系都会受到污染,从而引发人类消化系统、神经系统、肝脏和皮肤疾病等。

人口膨胀导致生物多样性减少

延伸阅读

我们国家是世界上生物多样性最丰富的国家之一，我国的生物多样性在世界上占有一定的特殊地位。1990年时，生物多样化专家把我们国家列为全球12个生物多样性最丰富的国家中的第八位。我们国家是北半球生物多样化最丰富的国家了，所以我们要保护环境，守住我国北半球生物多样化第一的地位。

人口膨胀影响生物的多样性，使物种的多样性减少。现在地球上的物种正以100～1000倍的自然速率在消失，是从6500万年前白垩纪末期恐龙绝迹以来，动植物灭绝数量最大的时期。其实物种灭绝的最根本原因是人口的膨胀导致的动植物迅速减少和其所生存的自然环境的恶化。

人类对物种灭绝速度的影响可以追溯到至少15000年前，而近400年来，地球上的物种灭绝速度在加快，如兽类在17世纪平均每5年灭绝1种，到20世纪每2年就灭绝1种。现在每年都有1万～2万个物种灭绝，物种灭绝的速度是物种形成速度的100万倍。在过去的400年里，人类活动导致了700多个物种灭绝，其中1/3是19世纪前消失的，1/3是19世纪灭绝的，另1/3是近50年来灭绝的。这个数字无疑是恐怖的，这让我们担心不已。

人口爆炸的忧思

　　随着人口数量的急剧膨胀，人类对自然资源滥采乱伐和过度消耗，引发了生态危机，生态环境正面临着一场浩劫。联合国2005年3月公布的一份研究报告称，过去50年间世界人口的持续增长和经济活动的不断扩展对地球生态系统造成了巨大压力。人类活动已给地球上60%的草地、森林、农耕地、河流和湖泊带来了消极影响。近几十年来，地球上1/5的珊瑚和1/3的红树林遭到破坏，动物和植物多样性迅速降低，1/3的物种濒临灭绝。

　　如果人类再不控制人口的急剧增加，那么我们的世界会变成什么样子？世界上最后一种动物将会是我们人类。我们的身边有花有草，有树有虫，鸟语花香，动物嬉戏，可是，一旦人类破坏了其中多种物种，就会产生毁灭性的灾害。就拿植物来说吧，如果树木减少，就会导致鸟儿们的减少，鸟儿们的减少就会导致害虫的增加，害虫的增加会导致花草树木的再度减少，如此这般恶性循环，最后会导致粮食的减少，粮食的减少会导致人类之间发生战争，人类的战争、厮杀会导致哀鸿遍野，尸体会腐烂变质，就会导致瘟疫的发生，瘟疫的发生会导致很多人生病，很多人生病会导致无人理会农作物，无人理会农作物，会导致粮食的减少，粮食的再度减少最终会导致人类的减少。

　　这个世界因为拥有花朵才会芬芳；这个世界因为拥有五彩的植物，才会变得缤纷；这个世界因为拥有各种各样的动物，才会变得多姿。可是，现在人口膨胀毁灭了一切。人口的膨胀需要土地，所以侵占了动植物的地盘，人口膨胀需要资源，所以抢夺了动植物的资源，人口膨胀需要水，所以掠夺了鱼虾虫草的水资源。

　　因此，控制人口的爆炸是刻不容缓的，我们要立刻行动起来，呼吁全世界人们控制人口增长，为我们的地球母亲减负，让我们的地球成为一个和谐的大家庭。

人口带来城市热岛效应

随着人口的增长,城市化效应越来越明显。夏天时,城市中热浪滚滚,可是当人们从酷热的闹市中来到人烟稀少、绿树成荫的郊外,习习凉风却迎面吹来,凉意阵阵,暑意尽消。当人们再从这清凉世界返回热闹的城市,股股热浪又让人产生重归火海的感觉。这就是城市化带来的热岛效应。

城市热岛效应,简单地讲就是由于城市化的发展等原因,导致城市中的气温高于外围郊区的现象。在气象学近地面大气等温线图上,郊外的广阔地区气温变化很小,如同一个平静的海面,而城市区域则是一个明显的高温区,如同突出于海面的岛屿,由于这种岛屿代表着高温的城市,所以就被形象地称为城市热岛。在夏季,城市局部地区的气温会比郊区高很多,形成高强度的热岛。

城市热岛效应其实是一个温差的概念,只要城市与边缘郊区存在明显的温差,就可以说存在了城市热岛。因此,一年四季都可能出现城市热岛。对于居民生活来说,影响最大的主要是夏季高温天气下的热岛效应。环境温度与人体的生理活动密切相关,环境温度略微偏高时,人们就会有不舒适感;温度再高就容易引发中暑、精神紊乱;气温高于34℃,并伴以频繁的热浪冲击,可引发一系列疾病,如心脑血管和呼吸系统等疾病等。此外,高温加速了光化学反应,使大气中有害气体浓度上升,加剧大气污染,进一步损害人体健康。

高热酷暑已经影响了人们的正常生活和工作,成为人类生活质量提高和城市发展的制约因素。那么如何削减城市热岛效应呢?采取何种措施来缓解热岛效应的影响呢?

既然城市中人工构筑物的增加、自然下垫面的减少是引起热岛效应的主要原因,那么在城市中通过各种途径增加自然下垫面的比例,便是缓

人口爆炸的忧思

解城市热岛效应的有效途径之一。

城市中绿地是最主要的自然因素,因此大力发展城市绿化,是减轻热岛影响的关键措施。有研究表明,城市绿化覆盖率与热岛强度成反比,绿化覆盖率越高,则热岛强度越低。绿地每天可从周围环境中吸收大量热量,这相当于园林植物的光合作用,吸收空气中的二氧化碳,降低环境温度,削弱温室效应。此外,园林植物能够滞留空气中的粉尘,降低环境大气含尘量,进一步抑制大气升温。当绿地的覆盖率超过 1/3 后,热岛效应就能得到明显的抑制;覆盖率大于一半时,绿地对热岛的削减作用极其明显。

除了绿地能够有效缓解城市热岛效应之外,水面、风等也是缓解城市热岛的有效因素。水有较大的比热容,在吸收同等热量的情况下,升温值最小,温度比其他下垫面更低,水面蒸发吸热,也可降低水体的温度。风能吹散城市中的一部分热量,在一定程度上缓解城市热岛效应。因此在城市建筑规划时,要结合当地的风向,把建筑物设计成为便于空气流通的模式;同时,减少人为的热释放,如集中出行、减少机动车驾驶量,尽量将民用煤改变为液化气、天然气。集中供热也是一条重要的对策。

知识的复习与拓展

本章主要讲解了人口膨胀引发的气候变化,如果放任气候的变化不管,地球终将遭受前所未有的灾难。电影《后天》中的灾难场面也许真的有一天会降临到你我的头上!

阻止气候恶化的进一步蔓延,首先要了解气候有哪些变化,请回答下面提出的三个问题吧。

1. 什么是热岛效应?
2. 人类对物种灭绝的影响可以追溯到多少年前?
3. 臭氧是被什么气体破坏的?

马尔代夫被淹没?

位于印度洋中的南亚岛国马尔代夫由1200个小珊瑚岛屿组成,平均海拔只有1.5米。最新报告表明,如果目前全球变暖的趋势得不到遏制,那么马尔代夫和其他一些地势低洼的国家可能会在21世纪消失。

2007年,联合国政府气候变化专门委员会警告说,到2100年,如果海平面上升18~59厘米,足以使马尔代夫无法居住生存。马尔代夫总统纳希德表示,马尔代夫将尽力避免这种情况出现,但在最坏的情况下,马尔代夫可能会举国搬迁。

2009年10月17日,马尔代夫总统头戴水下呼吸器,打着手势,召开了一次世界首次"水下内阁会议",以凸显全球变暖对这个地球上地势最低的国家的威胁。纳希德总统表示,这不仅是马尔代夫的问题,也是全世界面临的问题。

未来水世界

　　学习了本章的内容,知道了地球变暖的危害,请充分发挥你的想象力,想象一下地球在变暖之后会是怎样的一幅画面,按照你的想法把它们画在纸上。

　　需要工具:

　　画纸、铅笔、彩笔。

　　画画时请思索以下的问题:

　　1. 地球变暖导致海平面上升,人类该住在哪里,怎么生活?

　　2. 水淹没了陆地,人类拿什么做交通工具?

　　3. 那时候的人类吃什么?

　　4. 那时候的楼房建筑有什么特点?

　　5. 环境又会有怎样的变化?

　　带着这些问题,把你能想到的用铅笔画下来,然后再用彩笔涂上色彩,最后和同学们一起讨论:哪些同学对于地球变暖之后的想法与你的画不同?有哪些不同之处?谁的想法更合理?

● 温室

● PM2.5

人口爆炸的忧思

第5章
睁眼闭眼的烦躁

当人类开始进化,建立文明社会之后,伴随着各种发明创造而来的是污染的与日俱增。人类发明了霓虹灯,伴随而来的是光污染;人类发明了汽车、飞机,却产生了噪音污染,等等。现代社会"大染缸"里的东西千奇百怪,五花八门,下面就让我们来看看吧!

寻找你身边的一种污染

课题目标

发挥你的侦探才能,找到在你身边产生的一种污染,并身体力行实施你的环保小计划。

要完成这个课题,你必须:

1. 和家长、老师或者好朋友一起合作。
2. 需要了解污染的种类都有哪些。
3. 看看你身边的污染有哪些。
4. 选择一种污染把它记录下来。

课题准备

与你的好朋友在家的附近仔细观察,找到一种破坏生态环境的污染。也可以和家人一起去听一堂环保讲座。

检查进度

在学习本章内容的同时完成这个课题。为了按时完成课题,你可以参考以下步骤来实施你的侦探计划。

1. 查出身边破坏环境的污染。
2. 找到这种污染的源头在哪里。
3. 想想是什么产生出了这种污染。
4. 你认为如何才能改善这种污染。

总结

本章结束时,可以和你的侦探团成员一起向父母、老师展示你的环保成果。

可怕的光污染

说起污染，人们想到的大多是噪声、废气、废水等，但大家是否知道"光污染"这个比较陌生的名词呢？

随着城市的快速发展，灯光的应用越来越广泛，越来越多的城市夜景绚丽多彩，但是在霓虹闪烁的背后，光线已经悄悄地成为了一种新的环境污染源。

在日常生活中，绝大部分人都遭受过不同程度的各种各样的光污染，其中包括光害骚扰、眩光、视疲劳、白亮污染和人工白昼等。

光害骚扰是指不必要的光线进入了私人空间，如夜晚城市中霓虹灯、照明系统的强光等照向卧室，给人带来睡眠障碍。光害骚扰对天文爱好者产生的影响更大，城市里强烈的灯光会掩盖掉天空的星星所发出的微弱光线，这使得他们的观星活动变得困难重重。

眩光是人眼直接观看照明系统核心而产生的短暂目眩现象。对面而来的强光直入行人及司机眼睛的瞬间，能够造成长达1小时的目眩，往往会酿成意外发生。此外，眩光

延伸阅读

城市建设和环境专家提醒说，城市亮起来的同时就伴随着光污染，而"只追求亮，越亮越好"的做法更会带来难以预计的危害。污染一方面影响人们的生活，另一方面，当光线并不是照射至预定目标时，还会浪费能量和资源，如某些固定的光源向天空照射而不是向地面照射。而当制造的光线超出需要时，也造成能量浪费。

你太小了不亮！

会导致人们分辨光度强弱的能力降低,需要较长时间才能恢复。

城市里建筑物的釉面砖墙、玻璃幕墙、磨光大理石和各种涂料装饰等均能反射大量光线,尤其是在太阳光线强烈时,明晃白亮、眩眼夺目,谓之白色污染。长时间在白色光亮污染环境下,人的视网膜和虹膜都会受到不同程度的损害,导致视力急剧下降,白内障高发。还会使人头昏心烦,甚至发生失眠、食欲下降、情绪低落、身体乏力等类似神经衰弱的症状。夏天,玻璃幕墙把强烈的光线反射入附近的居民楼房内,造成室内温度升高,影响人的正常生活。而半圆形的玻璃幕墙反射光线汇聚一处,极易引起火灾。

夜晚,商场、酒楼的广告灯、霓虹灯闪烁夺目,让人眼花缭乱。有些强光束甚至直冲云霄,整个夜晚如同白天一样明亮,这就是人工白昼。在这样的"不夜城"里,夜晚难以入睡,扰乱人体正常的生物钟,导致白天工作效率低下。人工白昼还会伤害鸟类和昆虫的作息,破坏生态平衡,强光可能破坏昆虫在夜间的正常繁殖。

让人耳鸣的噪音污染

延伸阅读

噪声对人体最直接的危害是损伤听力。长年无防护地在较强的噪声环境中工作,听觉疲劳不能得到及时恢复,内耳器官会发生器质性病变,即形成永久性听阈偏移,又称噪声性耳聋。若人突然暴露于极强的噪声环境中,听觉器官会发生急性外伤,引起鼓膜破裂出血,迷路出血,螺旋器从基底膜急性剥离,可使人耳完全失去听力,即出现暴震性耳聋。

噪音一直是人们深恶痛绝的现象,它经常吵醒我们的美梦,吵得我们无法学习,甚至连玩耍的时候都不放过我们。

噪声从物理角度讲是发生体做无规则振动时发出的声音,以波的形式在一定的介质(如固体、液体、气体)中进行传播。通常人们所说的噪声污染是指人为造成的,一般是指不恰当或者不舒服的听觉刺激,它的音波波形不规则,听起来感到刺耳。从环境保护和生理学的角度看,凡是干扰到人们正常的生活、休息、学习和工作,对人及周围环境造成不良影响时,就形成噪声污染,一般包括下面几大类型:

(1)交通噪声:包括机动车辆、火车、飞机、船舶、地铁等发出的噪声。由于交通运输高速发展,交通噪声已成为城市噪声的主要来源。

(2)工业噪声:工厂的各种设备、机器产生的轰鸣声。工业噪声的声级一般较高,对工人及周围居民会带来重大的影响。

(3)建筑噪声：主要来源于建筑机械发出的噪声。建筑噪声的特点是强度大、分贝高，且多发生在城市里的人口密集的地区，严重影响居民的工作与生活。

(4) 社会噪声：包括人们的社会活动和家用电器、音响设备如卡拉OK、高音喇叭等发出的噪声。这些设备的噪声级虽然不高，但和人们的日常生活密切相关，影响极大。

噪声能通过听觉器官作用于大脑中枢神经系统，以致影响到全身各个器官，故噪声除对人的听力造成损伤外，还会对人体其他系统带来危害，导致人类自主神经(植物神经)系统功能紊乱等；使人出现脉搏和心率改变、血压升高、心律不齐等现象；强噪音还会使人出现甲状腺功能亢进、基础代谢率升高、性功能紊乱、消化功能减退等现象。此外，孕妇长期处在噪音环境中，会使内分泌腺功能紊乱，严重者会使血压升高、胎儿缺氧缺血，导致胎儿畸形甚至流产。

噪声能对动物的听觉器官、视觉器官、内脏器官及中枢神经系统造成病理性变化。噪声对动物的行为有一定的影响，可使动物失去行为控制能力，出现烦躁不安、失去常态等现象，强噪声会引起动物死亡。鸟类在噪声中羽毛会脱落，影响产卵率等。

噪声对人的睡眠影响极大。睡眠是人类消除疲劳、恢复体力、维持健康的一个重要条件，但环境噪声会使人不能安眠或被惊醒，当睡眠被噪音干扰后，工作效率和健康都会受到影响。噪音长期干扰睡眠会造成人失眠、疲劳无力、记忆力衰退，以致产生神经衰弱等。噪声会干扰人的谈话、工作和学习。实验表明，当人受到突然而至的一次噪声干扰，就要丧失几秒钟的思想集中。噪声会使劳动生产率降低，随着噪声的增加，差错率随之上升。此外，噪声还会掩蔽安全信号，如报警信号和车辆行驶信号等，导致事故发生。

电磁污染

电场与磁场交互产生电磁波，向空中发射或泄漏的现象叫做电磁辐射。当超过安全辐射的标准时就会产生电磁污染，对自然环境和人类健康产生很大的干扰。现代社会由于广播、电视、微波等技术的发展，射频设备功率成倍增加，地面上的电磁辐射大幅度增加，对公众的身体健康产生了潜在的、长期的不良影响。电磁污染无色无味，看不见，摸不着，但穿透力强，令人防不胜防。目前，电磁辐射已成为继大气、水、噪声之后的"第四污染源"。

电磁污染包括天然和人为两种来源。

天然的电磁污染是由某些自然现象引起的，主要来自太阳热辐射、地球的热辐射、宇宙射线、雷电等。在天然电磁辐射中，以雷电所产

延伸阅读

电磁污染对仪器设备会产生严重干扰。如干扰广播、电视信号和通讯信号，导致设备仪表的自控系统失灵，飞机航行指示信号失误。强电磁辐射还会构成对某些武器、弹药的严重威胁，有可能引发灾难性的后果。对于安装有心脏起搏器的人，手机产生的电磁辐射将干扰起搏器的正常工作，一旦产生干扰，有可能对病人产生极其严重的后果。

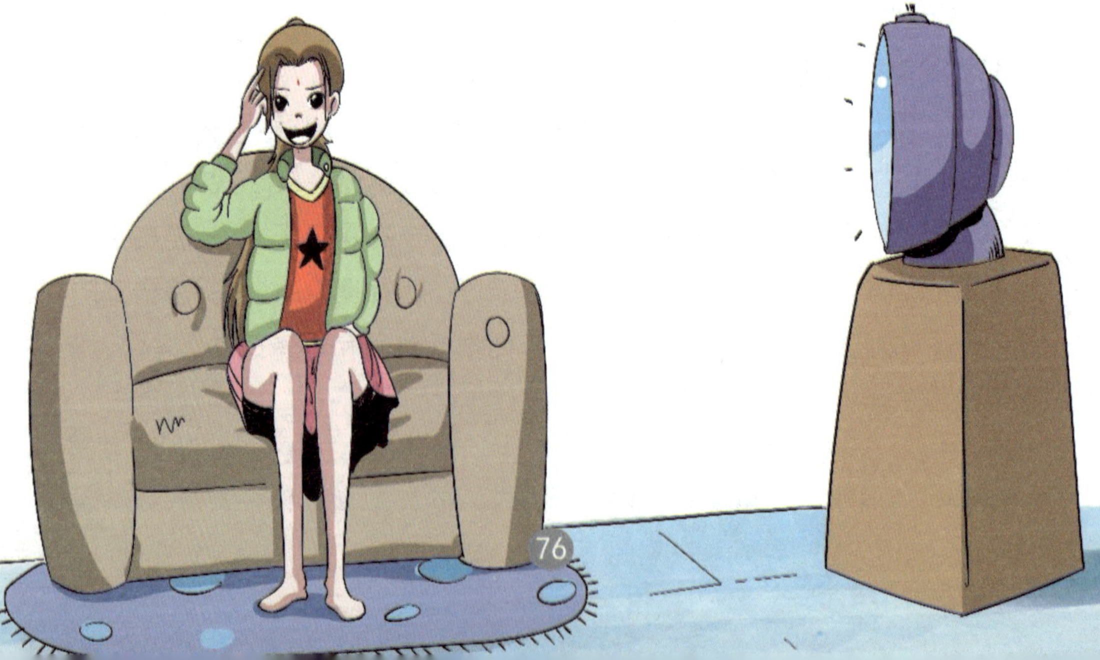

电磁辐射还可以引起火灾或爆炸事故。如在强电磁场中金属与金属等材料摩擦时会发生打火现象,若此时周围有可燃性物质,就会引起燃烧或爆炸,造成严重损失。

生的电磁辐射最为突出。另外,如火山爆发、地震和太阳黑子活动也都会产生电磁干扰。天然的电磁辐射对短波通讯的干扰特别严重,这也是电磁辐射污染源之一。

在人为污染源所组成的电磁辐射中,对人类的健康危害最大的是微波辐射。目前,微波辐射广泛应用于无线通讯、电导航、定位、天文学、气象学等;在工业方面,微波加热技术已被大范围应用于木材加工及某些食品的干燥和酿酒等;在医学研究方面,小剂量微波可以用来治疗心肌梗死,有的医院还用微波对某些癌症病人进行放射治疗。而在日常生活中,微波炉已经走进千家万户。

电磁污染对人类健康的危害主要表现为:长期暴露于高电磁辐射的环境中,会使血液、淋巴液和细胞原生质发生改变,严重影响人体的循环、免疫等系统,增加患白血病的几率,严重的还会诱发癌症,并加速人体的癌细胞增殖;危害人类生殖系统,主要表现为男子性功能减退、精子质量降低、脱发以及白发,导致孕妇发生自然流产和胎儿畸形等。此外,由于眼睛属于人体对电磁辐射敏感的器官,过高的电磁辐射污染会导致视力下降,引起白内障等。

服装污染

我们都想把自己打扮得漂漂亮亮的,但是你知道吗,连你穿在身上的服装也能对环境造成污染!这就是我们下面要说的服装污染。

不管是行路、骑车还是乘车,人每天都要往返穿梭在马路上;有些工作环境污染严重,污染物会附着在服装上。因此服装的污染是严重的,各类服装暗藏"杀"机。

除了这些,还有衣服的第三种污染源,即在生产制造过程中所使用的纺织材料和化学加工剂对服装的污染。

首先,制作服装的棉、麻等服装原料,在种植过程中为了控制病虫害及杂草的侵蚀,确保其产量和质量,需要大量使用杀虫剂、化肥和除草剂等,导致农药残留于棉、麻纤维之中,尽管制成服装后农药残留量甚微,但经常与皮肤接触也会对人体造成伤害。

其次,纺织原料在储存时,要使用防腐剂、防霉剂、防蛀剂,此类化学物质残留在服装上,会导致皮肤过敏、呼吸道疾病,甚至诱发癌症。

再次,在印染中,使用的染料含有甲醛和卤化物,大部分牛仔裤的褶皱是用树脂染出来的,树脂的甲醛含量也非常高。

在织布过程中使用的氧化剂、催化剂、去污剂、增白荧光剂等化学物质,使面料污染难以避免。

最后,印染环节的污染最为严重。色彩斑斓的面料,固然满足了人们的视觉要求,但印染中使用的偶氮染料能诱发癌变;甲醛、卤化物载体、重金属也会成为健康杀手。

据"国际有机农业运动联盟"统计,每生产3千克用于制造T恤和牛仔裤的棉花,大约需要消耗1千克的化学肥料和农药,而占全球农业生产用地3%的棉花种植,却使用了超过25%的农药,因此棉花上的农药残留可想而知。人体如果过多地接触用此类棉花生产的服饰,有可能在皮肤等方面受到不同程度的伤害。

延伸阅读

刚买回来的免烫衣服,不要立即挂入衣柜中。因为衣柜内空气不流通,在柜内甲醛浓度增高的情况下,免烫衣服还容易污染其他衣服;穿之前一定要用清水清洗,因为甲醛比较容易溶解于水,这样就能减少对皮肤的伤害。

在衣柜里存放很久的衣服,因为衣柜本身的甲醛含量比较高,游离的甲醛会吸附在衣服上面造成第二次污染,所以穿之前最好晾一晾。

知识的复习与拓展

阅读了本章知识,你一定会惊叹:原来地球上污染的种类是如此之多,而且这些污染随着科技的发展而不断变化,不断增加。如果不加以控制,我们迟早会有一天生活在污染的海洋中!下面的问题相信读过了本章的你一定能回答上来。

1. 服装污染的哪个环节最为严重?
2. 电磁污染的来源包括哪两种?
3. 光污染的类别有哪几种?

让我们一起努力消灭这些污染,还地球一个绿色的世界吧!

彩光污染

越来越严重的光污染侵蚀着人类的生活,它不仅损害人的生理功能,甚至还影响到心理健康。在都市"不夜城"里,人们夜晚难以入睡,睡眠质量差导致白天工作效率低下,精神状态不佳。如果儿童受到过多的光线照射,则会导致体内褪黑激素的分泌减少,出现性早熟或生殖器过度发育的现象。还有研究表明,如果夜间灯光长时间照射植物,就会破坏植物体正常的生长规律,对其生长、发育以及花芽的形成等造成损害。而对于四照花、垂柳、针枞、玉簪等这些对光线异常敏感的植物,长时间的夜间照明甚至会引起它们的死亡。

目前已有部分国家在签订《京都协议书》后开始研究减少使用能量的方法,而我们也有必要寻求更有效率使用光线的方法以减少对资源的浪费。

我是环保小达人

来测试一下,看你是不是环保小达人。

1. 工厂排放废水进入河流是污染?
   □是　□不是

2. 你用完电池就随便丢吗?
   □是　□不是

3. 能说出三种以上对环境造成污染的物质。
   □是　□不是

4. 拒绝使用对环境有污染的东西。
   □是　□不是

5. 了解污染源是怎么形成的吗?
   □是　□不是

6. 劝爸爸尽量少开车。
   □是　□不是

7. 夏天特别爱用空调。
   □是　□不是

8. 过年的时候我最喜欢放烟花爆竹了。
   □是　□不是

9. 经常在夜深人静的时候大声喧哗,大吼大叫。
   □是　□不是

10. 有向家人或朋友讲解过污染的危害性。
    □是　□不是

题目	是	不是
1	+10分	0分
2	0分	+10分
3	+10分	0分
4	+10分	0分
5	+10分	0分
6	+10分	0分
7	0分	+10分
8	0分	+10分
9	0分	+10分
10	+10分	0分

总分在60分以下的同学:看来你平常对环境污染的关注和保护程度非常不够,要多加油啦!

总分在60~80分的同学:你对污染的知识还是有一定基础的。但是,还需要更加努力。建议经常观看环保类的记录片与书籍。

总分在90分以上的同学:恭喜你,达到优秀成绩!你就是传说中的环保小达人。

●噪音污染 ●光污染

人口爆炸的忧思

● 手机与电话

● 环保衣服

第6章
满地垃圾人类造

垃圾在某种意义上是人类的另一种"排泄物",但是这种排泄物不能被大自然分解、吸收,而且种类和数量在不断增加。这是件令人无比头痛的事情,几十年之后,我们是否只能生活在成堆的垃圾上呢?

收集一种废品

课题目标

　　发挥你的收集能力,将你感兴趣的某种废品收集起来,并身体力行实施你的环保小建议。
　　要完成这个课题,你必须:
　　1.和家长、老师或者好朋友一起合作。
　　2.需要了解你感兴趣的废品的产生方式。
　　3.收集这些废品,并把它们整理起来。
　　4.把你收集的废品展览出来,与伙伴们一同欣赏。

课题准备

　　这些废品可以是瓶盖、五彩的贴纸等等你感兴趣的东西,也可以是和伙伴们去垃圾站或者城市外围的废品处理站收集的垃圾。

检查进度

　　在学习本章内容的同时完成这个课题。为了按时完成课题,你可以参考以下步骤来实施你的计划。
　　1.查出到哪里能够尽可能多地收集废品。
　　2.了解这些废品的来源。
　　3.上网看看这些废品是否可以回收再利用。
　　4.把你收集的废品整理并展览出来。

总结

　　本章结束时,可以和你的伙伴们一起向父母、老师展示你的环保成果。

人类的危险废弃物

延伸阅读

日益增长的垃圾正在使我们居住的星球超负荷运转，层出不穷的公害事件、"垃圾围城"早已为我们敲响了警钟。如何实现垃圾的无害化、减量化、资源化已是当务之急。"放错了地方的资源"是近年来人们对垃圾的重新认识。实行垃圾分类将使能够回收的垃圾废物实现物尽其用，变废为宝。

为什么要在"排泄物"上加上引号呢？因为我们下面要说的并不是一般意义上的人类粪便等排泄物，而是人类无时无刻都在制造的垃圾与废物！

每天垃圾清运车都能在城市中收集到数以吨计的垃圾废物，将它们堆积在一起就像一座座小山那么高，放眼望去，尽是垃圾山与垃圾海，这些人类的"排泄物"严重破坏了自然环境，成了地球难以消化的难题。

除了人类生活中制造的垃圾以外，随着工业的发展，工业生产过程中排放的危险废物也日益增多。据估计，全世界每年的危险废物产生量为3.3亿吨。由于危险废物带来的严重污染和潜在的严重影响，在工业发达国家危险废物已被称为"政治废物"。公众对危险废物问题

人口爆炸的忧思

十分敏感，反对在自己居住的地区设立危险废物处置场，加上危险废物的处置费用高昂，一些公司极力试图向工业不发达国家和地区转移危险废物。

这些人类制造的垃圾会破坏生态环境。随意排放、贮存的危险废物在雨水、地下水的长期渗透、扩散作用下，会污染水体和土壤，降低地区的环境功能等级。

人类制造的垃圾还会影响自身的健康。危险废物通过摄入、吸入、皮肤吸收、眼接触而引起毒害，或引起燃烧、爆炸等危险性事件；长期危害包括重复接触导致的长期中毒、致癌、致畸、致基因突变等。

垃圾在人类的生活中并不受欢迎，它们侵占土地，堵塞河流，污染农田，污染水源，影响景观，有的还会产生有毒物体对生物体的健康造成危害。现代社会倡导环保与节约，我们可以响应号召对垃圾进行回收再利用。科学家们说：垃圾也是一种资源，所以我们可以将垃圾分类回收，将可利用的垃圾再次用到生产生活中，实现了资源的循环。这样既保护了环境，又节约了能源，一举两得。

白色污染

所谓"白色污染"是指由农用薄膜、包装用塑料膜、塑料袋和一次性塑料餐具(以上统称塑料包装物)的丢弃所造成的环境污染。由于废旧塑料包装物大多呈白色,因此称之为"白色污染"。由于这些白色垃圾被随意乱丢乱扔,难以降解处理,以致造成城市环境被严重污染的现象。白色污染是全球城市都有的环境污染,在各种公共场所到处都能看见大量废弃的塑料制品,它们来自于自然界,由人类制造,最终归结于大自然时却不易被自然所消纳,从而影响了大自然的生态环境。

白色垃圾对环境的危害有很多:它在自然界停留的时间也很长,一般可达200~400年,有的可达500年;塑料、纸屑和粉尘随风飞扬还会污染空气;河、海水面上漂着的塑料瓶和饭盒,水面上方树枝上挂着的塑料袋、面包纸等,这些废旧塑料包装物进入环境后,由于很难降解,造成长期的、深层次的生态环境问题。首先,废旧塑料包装物混在土壤中,影响农作物吸收养分和水分,将导致农作物减产。其次,若动物吃了塑料膜,会引起消

化道的疾病,甚至死亡。由于塑料膜密度小、体积大,它能很快填满场地,降低了填埋场地处理垃圾的能力;而且,填埋后的场地由于地基松软,垃圾中的细菌、病毒等有害物质很容易渗入地下,污染地下水,危及周围环境。

面对日益严重的白色污染问题,人们急于寻找一种能替代现行塑料性能的可降解塑料。这种新型功能的塑料,其特点是在达到一定使用寿命被废弃后,在特定的环境条件下,由于其化学结构发生明显变化,引起某些性能损失及外观变化而发生降解,对自然环境无害或少害。例如淀粉填充塑料,其所含淀粉在短时间内被土壤中的微生物分泌的淀粉酶迅速分解而生成空洞,导致薄膜力学性能下降,同时配方中添加的自氧剂与土壤中的金属盐反应生成过氧化物,使聚乙烯链断裂而降解成易被微生物吞噬的小碎片而被自然环境所消纳,同时起到改良土壤的作用。

延伸阅读

伴随人们生活节奏的加快,社会生活正向便利化、卫生化发展。为了适应这种需求,一次性泡沫塑料饭盒、塑料袋、筷子、水杯等开始频繁地进入人们的日常生活。这些使用方便、价格低廉的包装材料的出现给人们的生活带来了诸多便利,但在使用后往往被随手丢弃,造成"白色污染",形成环境危害,成为极大的环境问题。

有毒的废电池

你知道吗,我们平常使用的废旧电池也会对环境造成污染!经科学调查表明,废旧电池对动植物有着极大的危害,它体内所含的金属元素可致癌!据了解,我国生产的电池有96%为锌锰电池和碱锰电池,其主要成分为锰、汞、锌等重金属。废电池无论是在大气中还是深埋在地下,其重金属成分都会随渗液逸出,造成地下和土壤的污染,日积月累会严重危害人类健康。1998年《国家危险废物名录》上定出汞、镉、锌、铅、铬为危险废弃物。

汞在这些重金属污染物中是最值得一提的,这种重金属,对人类的危害确实不浅。长期以来,我国在生产干电池时,总要加入一种有毒的物质——汞或汞的化合物。我国的碱性干电池中的汞含量达到1%~5%,中性干电池为0.025%,全国每年用于生产干电池的汞具有明显的神经毒性,此外,对内分泌系统、免疫系统等也有不良影响。1953年,发生在日本九州岛的震惊世界的水俣病事件,给人类敲响了汞污染的警钟。

用过的电池被遗弃后,电池的外壳会慢慢腐蚀,其中的重金属物质会逐渐渗入水体和土壤,造成污染。重金属污染的最大特点是它在自然界中不能降解,只能通过净化作用,将污染消除。废旧电池的危害主要集中在其中所含的少量重金属上。废电池正在日益对环境构成严重威胁。有关资

人口爆炸的忧思

钮扣电池含有汞。当其被废弃在自然界里，外层金属被锈蚀后，汞就会慢慢从电池中逸出，进入土壤或在下雨之后进入地下水，再通过农作物或饮用水进入人体，损伤人的肾脏。

料显示：一节电池产生的有害物质能污染60万升水，等于一个人一生的饮水量；一节烂在地里的一号电池能吞噬1平方米土地，并可造成永久性公害。我国是电池生产消费大国，电池的年产量高达140亿节，消费约100亿节，占世界总量的1/3。以全国13亿人口计算，假设每年每人用6节电池，那么这些电池可以污染46800亿立方米的水，相当于中国全年径流总量的1.73倍；也可使7800平方千米土地失去利用价值，这相当于1.23个上海或15个浦东新区的面积。据估计，全球每年约有320亿节废旧电池被丢弃，其危害之大不能不令人震惊！

处理垃圾的方法

如何处理这些人类的"排泄物"呢?对于某种废物选择哪种最佳的、实用的方法与诸多因素有关,如废物的组成、性质、状态、气候条件、安全标准、处理成本、操作及维修等条件。虽然有许多方法都能成功地用于处理危险废物,但常用的处理方法仍归纳为物理处理、化学处理、生物处理、热处理和固化处理。

物理处理是通过浓缩或改变固体废物的结构,使之成为便于运输、贮存、利用或处置的形态,包括压实、破碎、分选、增稠、吸附、萃取等方法。

化学处理是采用化学方法破坏固体废物中的有害成分,从而达到无害化,或将其转变成为适于进一步处理、处置的形态。其目的在于改变处理物质的化学性质,从而减少它的危害性。这是危险废物最终处置前常用的预处理

延伸阅读

生物处理:生物处理是利用微生物分解固体废物中可降解的有机物,从而达到无害化或综合利用。生物处理方法包括好氧处理、厌氧处理和兼性厌氧处理。与化学处理方法相比,生物处理在经济上一般比较便宜,应用普遍,但处理过程所需时间长,处理效率不够稳定。

固化处理是采用固化基材将废物固定或包覆，以降低其对环境的危害。是一种较安全的运输和处置废物的处理过程，主要用于有害废物和放射性废物。固化体的容积远比原废物的容积大。

措施，其处理设备为常规的化工设备。

热处理是通过高温手段破坏和改变固体废物的组成和结构，同时达到减容、无害化或综合利用的目的。其方法包括焚化、热解、湿式氧化以及焙烧、烧结等。热值较高或毒性较大的废物采用焚烧处理工艺进行无害化处理，并回收焚烧余热用于综合利用和物/化处理以及职工洗浴、生活等，减少处理成本和能源的浪费。

各种处理方法都有其优点及缺点和对不同废物的适用性，由于各种危险废物所含组分、性质不同，很难有统一模式。针对各种废物的特性可选用适用性强的处理方法。

知识的复习与拓展

学习了本章的知识,你一定对于人类创造的各种垃圾有了深刻的了解。虽然人类的生产和生活免不了要产生垃圾,但如何减少垃圾的排放,如何将废品回收再利用,是我们将来所要研究的方向和头等大事。下面这些问题你能回答上来吗?

1. 处理垃圾都有哪些方法?
2. 废旧电池中含有哪些化学元素?
3. 人类产生的垃圾会对自身的健康造成怎样的伤害?

国外如何利用垃圾

垃圾纪念碑

意大利菲腊奥市海边所建的一座纪念碑,是由游客扔掉的空瓶、废盒等丢弃物兴建的。纪念碑上的碑文写着:"请保护大自然,这里展出的所有废物,全捞自海中。"

垃圾游乐园

美国佛罗里达州有一座儿童公园,所有的玩具设备都是用垃圾物作原料制成的。

垃圾电影院

英国的亨得尔影剧院,所用的建筑材料全部都是从垃圾堆里捡回的丢弃物:其银幕是用3.8万块废布拼凑而成的,2800个坐椅则是用4.5万根废钢和5000千克水泥浇筑的。该院服务员的穿戴也是从垃圾堆捡来经消毒再由服装设计师重新设计而成的。更有趣的是,就连上映的影片也全是以垃圾为内容的情节。

人口爆炸的忧思

垃圾中有什么

准备一个垃圾袋,套在家中的垃圾桶上,等待它被垃圾装满。这个袋子里的东西就是当今最常见的家庭垃圾。

1. 在打开袋子之前,先猜一猜最常见的两种垃圾是什么?
2. 戴上塑料手套,打开袋子。根据垃圾的不同成分,对它们进行分类。
3. 清洗你的双手。
4. 数一下每一类垃圾的数量。画出一个柱形图,表现出每一类垃圾的数量。

观察后请思考:

根据你画的图,最常见的两种家庭垃圾是什么?和你先前设想的一样吗?写一份观察心得,与伙伴们一起讨论。

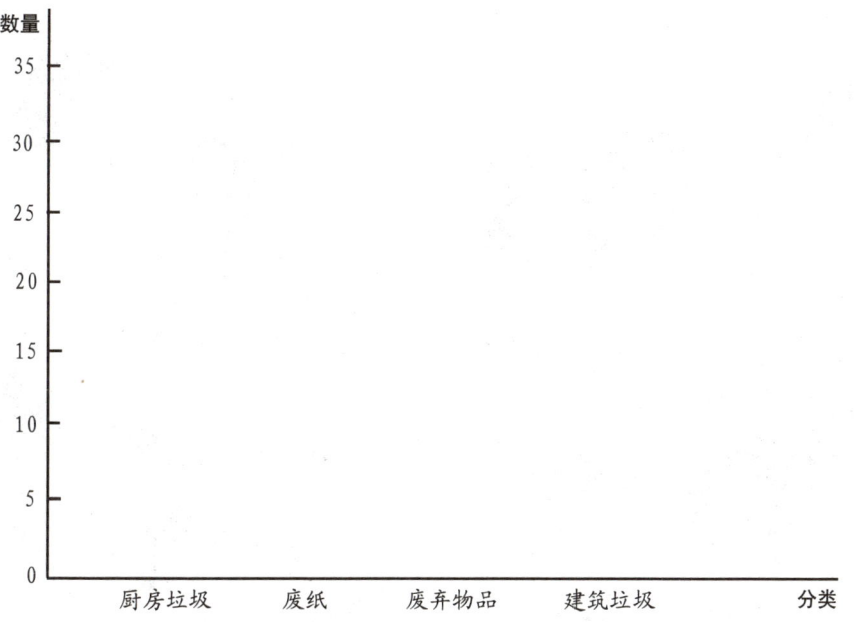

日常垃圾比例图

● 惩罚

● 购物

人口爆炸的忧思

●感谢的礼物

●垃圾分类

第 7 章
剧毒的泪水

在生态环境逐渐恶化的今天,水污染也日益严重起来,正是工业废水、生活污水等的排放加剧了污染的形成,我们的饮用水的干净程度正遭到前所未有的挑战。地球哭了,连眼泪也化作了剧毒,这是多么可怕的事情!

寻找被污染的水源

课题目标

发挥你的侦探天赋,找到污染水源的元凶,并身体力行实施你的环保小建议。

要完成这个课题,你必须:

1. 和家长、老师或者好朋友一起合作。
2. 了解都是什么破坏了水源。
3. 调查居住地周围破坏水源的地方。
4. 身体力行,提出你合理的环保建议。

课题准备

可以与你的好朋友上网了解关于水污染的知识,也可以请老师带领你们参观附近的污水处理厂。

检查进度

在学习本章内容的同时完成这个课题。为了按时完成课题,你可以参考以下步骤来实施你的侦探计划。

1. 找出附近污染水源的工厂。
2. 了解水源在这里是怎么被污染的。
3. 列出保护水源的环保小计划。
4. 向大家汇报,提倡珍惜水源。

总结

本章结束时,可以和你的侦探团成员一起向父母、老师展示你的环保成果。

饮用水源的污染

拧开水龙头,便有自来水哗哗流出,都市人习以为常的用水方式延续了许多年,不仅是每天的饮水,甚至连所有的生活用水都必须依靠水龙头里的水。但随着社会的发展,生活水平和生活质量的不断提高,人们发现,城市自来水的各种问题(发黄、有异味、泥沙杂质等等),已经成为市民健康的隐患。

人类生产、生活活动产生的垃圾排放和突发性事件对江河源头及上游、水库、地下水等水源地所造成的污染,正在逐步导致我们的饮用水源变差。

造成水源污染源于未经处理的城市生活污水、造纸污水、农业污水及都市垃圾的死亡有机质污染。死亡有机质能消耗水中溶解的氧气,危及鱼类的生存;还能导致水中缺氧,致使需要氧气的微生物死亡。而正是这些需氧微生物能够分解有机质,维持着水体的自我净化能力。它们死亡的后果是:河流和溪流发黑、变臭,毒素积累,伤害人、畜。

化工厂、药厂、造纸厂、印染厂和制革厂的废水、有机和无机化学药品污染,绝大部分有机化学

药品有毒性，它们进入江河湖泊会毒害或毒死水中生物，引起生态破坏。一些有机化学药品会积累于水生生物体内，致使人食用后中毒。被有机化学药品污染的水难以得到净化，人类的饮水安全和健康受到威胁。含磷洗衣粉、磷氮化肥的大量使用容易造成磷污染。磷能够引起水中藻类疯长，因为磷是所有的生物生长所需的重要元素。它还会导致湖中细菌大量繁殖。一些重金属，包括汞、铅、镉、镍、硒、砷、铬、铋、钒、金、铂、银也会污染环境。它们主要来源于采矿和冶炼过程、工业废弃物、制革废水、纺织厂废水、生活垃圾（如电池、化妆品）。这些重金属对人、畜有直接的生理毒性。

大多数家庭和餐馆大量使用的各种洗涤用品都是石油化工的产品，难以降解，排入江河中不仅会严重污染水体，而且会积累在水产物中，大量进入人体后会引起中毒现象。

延伸阅读

据调查，我国江河湖库及近海海域普遍受到不同程度的污染，总体上呈加重趋势。海河、辽河、淮河、巢湖、滇池、太湖污染严重，七大水系中，不适合作饮用水源的河段已接近40%；工业较发达城镇河段污染突出，城市河段中一大半的河段不适合作饮用水源；城市地下水大半受到污染。

可怕的酸雨

酸雨是充满腐蚀性的雨水，它是由空气污染而造成的酸性降水。大气降水与二氧化碳气体平衡时的pH5.6为降水天然酸度，并以此作为认定降水是否酸化的标准，当降水的PH值小于5.6时，即为酸雨。它是大气中酸性沉降物的一种湿沉降，是大气遭受严重污染的一种表现。

是什么引起降水酸化的？空中云层吸收大气中的多种污染物后，在雨滴内不断反应，最终生成酸性物质。酸雨被称为来自空中的"杀手"，其对环境所造成的危害是非常严重的。

酸雨最早出现在19世纪的欧洲各国，至今酸雨已发展成为世界各国的公害。我国酸雨区域发展扩大之快，降水酸化速率之高，在其他国家也是罕见的。

酸雨百害而无一利，它使土壤酸化板结，生

延伸阅读

人类每年向大气层排放大量的硫氧化合物和氟化物等，全世界城市人口有一半左右生活在污染超标的大气环境中。我国在20世纪70年代中期开始，形成了覆盖川、粤、桂、湘、鄂、赣、浙等省区的大面积酸雨区，目前遭受酸雨污染的面积占国土面积1/3左右，且这一情况还在以惊人的速度发展，其中以川、黔、两广四省区的农业和森林遭受酸雨侵害的情况最为严重。

态环境遭受破坏，危害建筑和人类健康等。

　　首先，它会破坏生态系统。尤其对水域生物的危害最为严重，特别是鱼类。鱼类本身对酸度的变化特别敏感。一方面，由于水体酸碱值的突然改变，鱼类极难适应，会有大批鱼类死亡。据有关报道，挪威有近300个湖泊的鱼虾绝迹。北美的加拿大和美国，已有几万个大小湖泊遭到酸雨的破坏，其中加拿大就有几千个湖泊无鱼类生存而成为"死湖"。此外，水域酸化还会导致水生植物死亡消失，破坏各类生物间的食物链关系，造成严重的水域生态系统紊乱；酸雨还会杀死水中的浮游生物，减少鱼类食物来源，破坏水生生态系统。

　　其次，酸雨会污染土壤。酸雨能蚀毁土壤中的细菌等微生物，使土壤板结，透气性能差，影响植物生长，造成农作物减产；酸雨还会腐蚀植物叶子表面的保护层，降低光合作用。酸雨中重金属沉降地面后，经由食物链进入人体，对人类健康有着不可估量的影响。

酸雨来了！
赶紧跑啊！

工业废水的倾泻

延伸阅读

印染工业用水量大。不同的纤维原料采用不同的染料、助剂和不同的染色方法,所以染色废水水质复杂多变,污染程度差异很大。

工业废水包括生产过程中产生的废水和废液,其中含有随水流失的工业生产用料、中间产物、副产品以及生产过程中产生的污染物。工业废水主要包括农药废水、造纸工业废水、电镀工业废水、印染工业废水等。

农药品种繁杂,农药废水水质十分复杂。首先污染物浓度较高且毒性大,废水中除含有农药和中间体外,还含有汞、酚、砷、苯等有毒物质以及多种生物难以降解的物质;其次农药废水有恶臭,对人的呼吸道等部位黏膜有刺激性;另外农药废水水质、水量不稳定。因此,农药废水对环境的污染非常严重。

造纸废水主要来自造纸工业生产过程中的制浆和抄纸两个生产环节。制浆是把

植物原料中的纤维分离出来制成浆料,再经过漂白;抄纸是把浆料稀释、压榨、烘干、成型,制成纸张。这两个环节都排出大量废水。制浆环节产生的废水污染最为严重。洗浆时排出的废水呈黑褐色,含有大量纤维、无机盐和色素,十分污浊,被称为黑水,黑水中污染物浓度很高。漂白工序排出的废水也含有大量的酸碱物质。抄纸机所排出的废水被称为白水,其中含有大量纤维和在生产过程中添加的填料和胶料。

　　这些工业废水对于生态环境的危害是非常大的,若直接流入渠道及河流湖泊,会污染地表水,如果毒性较大会直接导致水生动植物的死亡甚至绝迹;工业废水还可能渗透到地下,污染地下水,危害人类健康,如果周边居民采用被污染的地表水或地下水作为生活用水,会导致多种疾病发生,重者会死亡;工业废水渗入土壤,会造成土壤污染,或者重金属污染。

　　工业废水会影响植物以及土壤中微生物的生长;有些工业废水还带有难闻的恶臭,污染空气;工业废水中的有毒有害物质会由于动植物的摄食和吸收作用而残留在其体内,而后通过食物链到达人体内,对人体造成危害。

地下水污染

延伸阅读

地下水污染并非由于污染物直接进入含水层引起,而是由于污染物作用于其他物质,使这些物质中的某些成分进入地下水而造成的,这就叫作间接污染。

地下水污染主要是指在人类活动的影响下,地下水化学成分、物理性质和生物学特性发生改变而使水质恶化的现象。地下水污染与地表水污染有一些明显的不同,具有隐蔽性、难以逆转性和延缓性的特点。由于污染物进入含水层,以及在含水层中运动都比较缓慢,污染往往是逐渐发生的,若不进行专门监测,很难及时发觉。发现地下水污染后,较难确定污染源。地下水污染不易消除,即使在排除污染源之后,已经进入含水层的污染物仍将长期产生不良影响。

地下水的污染方式分为直接污染和间接污染两种:

直接污染的特点是污染物直接进入含水层,在污染过程中,污染物的性质不变。这是对地下水污染的主要方式。我国地下水的污染,在城市中主要来源于下水道区域的化粪池、污废水排放渗坑、排污沟以及垃圾填埋区或污水库的渗漏;在郊区和农村地区,污水和工业废水的不合理灌溉、大量

人口爆炸的忧思

施用化肥和农药等活动,都会导致地下水受到污染。污染物质进入地下含水层,首先引起潜水水质日益恶化,潜水温度自然上升。在超采承压水地区,由于承压水水位大幅下降,造成上部被污染了的潜水越流补给承压水,使承压水也受到污染,同时含水层疏干变为饱气带,改变了地层的物化条件,由还原环境变成了氧化环境,使下渗水饱气带中溶解了更多的物质成分,加速了地下水的污染。

地下水是水资源的重要组成部分,是人类生存、生活和生产活动必不可少的宝贵的自然资源。作为地球上的淡水资源,它具有很高的生态价值和经济价值。生态价值主要体现在它具有良好的调蓄功能,可以平衡丰枯年水资源的协调利用。经济价值体现在因其具有水质优良和便于开采的特点,可以成为满足特定需求的独立水源,也可以作为一种正规的补充水源地。就水质而言,地下水是自然界提供给人类的最好的饮用水水源。地下水一旦由于开发和保护不当而遭受污染,不但其自净能力极弱,而且会对生态环境造成严重影响,直接对人类及其活动造成危害。因此加强对珍贵的地下水资源的保护具有非常重要的意义。

知识的复习与拓展

学习了本章的知识,你应该明白了环境污染对于水资源的危害,如果任由这种势头发展下去,则会造成地球的窒息。请回答下面这些问题。

1. 地下水的污染方式分为哪些种类?

2. 造纸废水主要来自造纸工业生产过程中的哪两个生产环节?

3. 水中缺氧,大量鱼与微生物死亡的后果是什么?

相信你能完美地回答这些问题。让我们一起保护与珍惜我们共有的水资源吧!

检测雨水的酸性

在这个实验中,请你检验一下你们那里雨水的酸性比柠檬大还是小。

1. 用干净的塑料杯收集一些雨水。

2. 在室内,拿一张 pH 试纸在雨水中浸一下,再将试纸的颜色与试纸包装盒上的标准颜色对比一下,找到相对应的 pH 值(pH 值越小代表酸性越大)。

3. 在塑料杯里倒一些柠檬汁,重复步骤 2。

测量后请思考:

雨水的 pH 值是多少?

与柠檬汁相比是大还是小?

可怕的水俣病事件

"不知火海"是日本的一处内海，它位于日本熊本县水俣湾外围。这里海产品丰富，被当地渔民看作是最重要的渔场。水俣镇是水俣湾东部的一个有4万人居住的小镇，由于"不知火海"丰富的渔产使这座小镇非常的繁荣。

但是，灾难在某一天缠上了这里，1925年，日本氮肥公司在这里建厂，后来这个公司开始生产氯乙烯，1956年生产的总量超过6000吨。与此同时，工厂把没有经过任何处理的含有重金属元素汞的废水排放到水俣湾中。

后来在水俣湾附近频频发生一些怪事，比如这里的猫会突然出现步态不稳，抽搐、麻痹，甚至跳海死去的怪病，这件事被当地人称为"自杀猫"事件，这种病也被称为"猫舞蹈症"。祸不单行，不久，当地的人也陆续发生了这种病症，这些患者轻者口齿不清、步履蹒跚、面部痴呆、手足麻痹、感觉障碍、视觉丧失、震颤、手足变形，重者神经失常，或酣睡，或兴奋，弓身高叫，直至死亡。这种"怪病"就是日后轰动世界的"水俣病"，是最早出现的由于工业废水排放污染造成的公害病。而"水俣病"的罪魁祸首正是那些被排放到河流中的重金属元素汞！"水俣病"危害了当地人的健康和家庭幸福，使很多人身心受到摧残，甚至家破人亡，经济上受到沉重的打击。

日本的工业发展虽然使经济获利不菲，但难以挽回的生态环境的破坏和贻害无穷的公害病使日本政府和企业日后为此付出了极其昂贵的治理、治疗和赔偿的代价。至今为止，因水俣病而提起的旷日持久的法庭诉讼仍然没有完结。

● 工厂废水

● 测试仪

人口爆炸的忧思

● 尝农药

● 尝地下水

第8章
人类战争危害

战争总是伴随着人类的历史发生,冷兵器时代的战争对于地球环境的影响比较小,而近代的战争则完全打破了这个规则,并且越来越超越地球所能承受的限度。所以战争这个大恶魔是我们必须要消灭的,愿和平与希望常驻人间!

寻找战争的遗迹

课题目标

发挥你的调查能力,在你身边寻找曾经发生过战争的地方,仔细观察之后写一小段心得。

要完成这个课题,你必须:

1. 和家长、老师或者好朋友一起合作。
2. 需要了解你所在地的历史。
3. 了解这些历史中发生的战争造成了什么样的影响。
4. 写下你的心得,与老师、朋友们分享。

课题准备

可以与你的好朋友一起打听居住地附近的历史遗迹,可以和家长一起到附近的历史博物馆调查相关数据。

检查进度

在学习本章内容的同时完成这个课题。为了按时完成课题,你可以参考以下步骤来实施你的调查计划。

1. 看看这些战争是因为什么引起的。
2. 了解战争对人类与环境都造成了什么影响。
3. 对于这些战争,提出你的观点。
4. 向老师和伙伴们展示你的心得。

总结

本章结束时,可以和你的伙伴们一起向父母、老师展示你的环保成果。

战争危害

延伸阅读

战争的定义是：事情矛盾争端到达白热化之后对对方采取的粗暴的毁灭行动。也可以译成：一种不能通过其他手段解决问题的解决方式。人类出现以来，就一直没有停止过争斗，古代各个部落之间的战争，促进了民族的融合和国家的形成，也是民族大迁徙的直接原因。

近代的革命战争改变了世界格局。

自古以来，战争就给人类带来了诸多的灾难，不仅消耗大量的人力、物力、财力，而且使无数的生灵遭到涂炭；不仅破坏人类生存的社会环境，而且也破坏人类赖以生存的自然生态环境。

以破坏生态环境为手段、依靠自然界的力量取得胜利的战例在中外战争史上屡见不鲜。在秦统一六国的战争中，秦将王贲因为魏都大梁难攻而引黄河和鸿沟之水灌城，进而亡魏。在伯罗奔尼撒战争中，斯巴达人也曾大量毁坏雅典农村，导致对手发生饥荒和瘟疫。在美国内战中，谢尔曼将军曾下令焚烧乔治亚和弗吉尼亚的大量农田；在占领亚特兰大后下令烧

人口爆炸的忧思

城,夜晚,翻腾的烈火窜起100多米高,把整个天空烧得如同白昼;白天,从整个城市翻滚而上的巨大浓烟遮天蔽日,使得亚特兰大周围500多平方千米内如同黑夜……不过直到20世纪之前,由于战争使用的武器、作战范围和方式等因素的制约,战争对生态环境波及范围较小,影响程度较轻,因而并未引起人们的关注和重视。

下面再来谈一下近代战争。总体上来说,近现代战争更具破坏力。它造成的环境破坏具有空间上的扩张性和时间上的延续性,而不仅仅局限在战争的发生地。现代高技术战争中的武器,具有强大的破坏性、毒性甚至放射性,在地域上或时间上均对环境造成更为明显和难以恢复的影响。一般的炸药爆炸,会产生出大量的一氧化碳、氮氧化物和硫氧化物等对环境有不良作用的气体。在科索沃战争中,北约在78天的狂轰滥炸中,共出动2万架次飞机,投下2.1万吨炸药,大约产生了735万立方米的有毒气体。

近代战争

延伸阅读

据统计，在一些主要战争中，仅消耗的金属资源就相当惊人。第一次世界大战打掉金属5000余万吨，第二次世界大战则高达1亿吨。1989年，中东的海湾战争爆发，仅仅43天的战争，打掉的金属与第二次世界大战相差无几。

世界上爆发任何一场战争，都会给环境造成不同程度的伤害，只不过视战争的大小决定伤害的程度。现代高科技技术使战争中的武器具有强大的破坏性、毒性甚至放射性，对环境造成的影响更大。随着尖端科技的运用，现代战争则可产生持久性与全球性的影响。

从一战、二战、朝鲜战争、越南战争到海湾战争，都留下了难以排除的战争垃圾。这些战争垃圾包括废弃的炮弹、地雷、水雷，甚至核弹头等武器装备和军事设施。

战争给地球资源带来了难以平复的打击。首先，它会造成自然资源的破坏。第二次世界大战中各种爆炸物掀起的良田表层土壤达3.5亿立方米，造成许多良田贫瘠化，有些地方成

人口爆炸的忧思

为沙漠和砾石戈壁。苏联为抵御德国军队,敌对双方毁掉森林2000万公顷,花圃果园65万公顷,炸死各种大型动物1亿余只。在越南战争中,美军大量使用化学毒剂,首创使用植物落叶剂,在1961~1969年间大约出动施毒飞机33架次,喷洒毒剂达1.2亿千克以上。破坏越南170万公顷土地,成片的森林和庄稼被污染和毁坏,栖息在林中的兽类、昆虫、鸟类大量中毒死亡,造成严重的生态破坏。

其次,战争会带来环境污染:战争造成的大气污染最为严重,同时也会带来海洋污染和周遭环境的核污染。此外,由化学战剂带来的土壤污染也时有存在。第二次世界大战中日本广岛、长崎的原子弹爆炸,使10余万平民死亡,核爆炸造成的放射性污染,导致了几代日本人的残疾和畸形。

战争对环境的影响是多方面的,可分为对水、大气、土壤、生物的影响。现代高技术战争的强大破坏力,使得今天的战争区也成为环境灾难区。幸运的是,我们已经开始着手防止大规模的核战争、化学以及生物战争的长期影响。1998年6月,第一届国际战争的环境影响研讨会在华盛顿召开,取得了不少有意义的成果。我们更希望世界和平、欢乐祥和、永无战争。

海湾战争的危害

1989年发生的海湾战争造成的生态灾难是迄今为止人类历史上最严重的一次。

在海湾战争中，大约有900万吨原油泄入波斯湾，使大量海洋生物窒息而死。据世界环保组织预测，海湾战争使52种鸟类灭绝，波斯湾的水生物种的灭绝难以计算。由于战争和油田大火造成的大气污染对地球构成的危害，更是难以估计。

1989年的海湾战争，石油燃烧释放的烟雾影响了亚洲季风，导致了印度和东南亚干旱；沉积在海湾地区的250万吨硫氧化物和氮氧化物，给当地的农业造成了灾难性的危害；使珠穆

延伸阅读

海湾战争造成的大气污染、海洋污染，令人触目惊心，而广岛、长崎的原子弹爆炸，不仅使十几万平民百姓顷刻之间遭受灭顶之灾，核爆炸造成的放射性污染，至今还影响着周围的人们。二战期间，自美国人投下原子弹至今，让人们一提到核战争就谈虎色变。

人口爆炸的忧思

朗玛峰地区降黑雪,连南极都能发现海湾战争造成的污染物。核战争带来的放射性污染问题对人类的影响最持久。海湾战争过去数年之后,当科学家对登山队员从珠穆朗玛峰上取回的雪样进行化验时,竟发现了海湾油田大火所飘逸到此的灰烬,南极考察站的科学家们也在南极的雪水中化验出了海湾战争的污染物。

核战争不仅对人的生命威胁极大,对人类生存环境的破坏和影响更是难以估量。广岛、长崎遭受原子弹袭击后,人们庆幸核战争没有再爆发,但也没有理由毫无后顾之忧地享受太平日子,因为美俄巨大的核武器库就像达摩克利斯之剑,时时刻刻悬在全世界人民的头上。人们不难发现,核战争虽未爆发,但核竞赛并未停止,每年光是核试验造成的辐射污染,就已经对人类和环境构成了潜在的威胁。

海湾战争造成大气污染的飘散范围之广,影响之大,由此可见一斑。

"橙剂"的危害

20世纪60~70年代,美国陷入越战的泥潭。游击队出没在茂密的丛林中,来无影去无踪,声东击西,打得美军晕头转向。游击队还利用长山地区密林的掩护,开辟了沟通南北的"胡志明小道",保证了物资运输的畅通。美军为了改变被动局面,切断游击队的供给,决定首先设法清除视觉障碍,使游击队完全暴露于美军的火力之下。为此,美国空军实施了一场"牧场行动计划"。他们用飞机向越南丛林中喷洒了7600万升落叶型除草剂,清除了遮天蔽日的树木。美军还利用这种除草剂毁掉了水稻和其他农作物。他们喷洒落叶剂的面积占越南南方总面积的10%,其中34%的地区不止一次被喷洒。由于当时这种化学物质是装在橘黄色桶里的,所以后来被称为"橙剂"。

越南战争虽然已经结束了几十年,但是越战造成的后果至今还在伤

害着越南百姓,其中的罪魁祸首就是"橙剂"。因为这种被称为"橙剂"的除草剂包含有剧毒的化学物质二噁英而对人体造成了巨大伤害,它与癌症、白血病、神经紊乱、孕妇流产以及胎儿畸形之间的密切关系已经得到证实。在战争结束之后,越南出生的许多畸形婴儿以及出现的许多怪病就与此有关,对此美国政府在过去也已经承认。

令人遗憾的是,在越战结束之后,虽然对于"橙剂"的使用及其危害已经有了大量的研究,但是最主要的两个问题一直没有定论,那就是美军当年在越南战场上究竟使用了多少"橙剂",它们的具体喷洒地点又分布在哪里。所造成的危害至今仍无法估量。

目前,越南南方许多地区的土壤和水源中依然存在"橙剂"的毒素,虽然许多当年遭到喷洒的地区现在又是树木茂密,但是二噁英毒素已经进入了鱼和家禽的肌体组织内,从而对越南人民的生活和健康带来了长期的危害。

人们采取行动

延伸阅读

利用现代高科技的武器如核武器、生化武器,以及尖端技术、空间武器技术和环境控制技术对环境造成的破坏和损害是极其严重的。

目前大家一致认为,自然和资源是战争最大的牺牲品,战争的结果将导致大气污染、水体恶化、生物死亡、物种灭绝、土地沙化,造成可怕的生态灾难。同样,从上述的战争实例中可以看出,即便是一次区域战争,也会对生态环境造成近期和长期的恶果。加之,地球生态系统是一个有机整体,任何一国一地发生的环境灾难都会通过大气、河流、海洋甚至生物,波及影响到其他地区,没有一个国家能确保战争后自己不受到任何环境损害。所以,无论是从人权保护或是生态环境保护的角度,在理论和实践中进行研究,以期建立科学合理的战争对

环境影响评估体系、缔结规制战争的国际公约、明确战争破坏环境的法律责任、建立战争破坏环境的补偿和惩罚制度等等都是必要的,甚至是急迫的。

为了遏制战争带来的灾难并限制战争,国际社会早在19世纪就开始研究探讨有关战争法规,召开一系列国际会议。如1856年的巴黎会议,1864年的日内瓦会议,1868年的圣彼得堡会议和1899年以及1907年的两次海牙会议,以后又有1929年、1949年和1977年的三次日内瓦会议,缔结了一系列国际条约,把历史上存在的战争习惯规则编纂成为条约规则并创设了大量新的规则,形成战争法的条约体系。

1949年8月12日,日内瓦公约第一附加议定书规定了两个基本规则。议定书第35条第3款规定:禁止使用会或可能会对自然环境造成大面积、持续和严重损害的战争方法或手段。专门设计环境保护的第55条规定:①战争的进行必须使自然资源不遭受大面积、持续和严重的损害。包括禁止使用或可能会对自然环境造成损害、危害人类健康或生存的方法或手段;②禁止以报复的名义攻击自然环境。

知识的复习与拓展

学习本章的内容,你是否了解到了战争的残酷与恐怖?战争是一个矛盾的集合体,是它加快了人类文明的脚步,每一次战争都会伴随着科技的腾飞;但也是它破坏了地球的生态环境,最终有可能将人类推向灭亡。所以想要保护我们生存的家园就必须尽力阻止战争的发生。当和平与爱真正深入每个人的心中,地球才会有绿色的未来,人类才会有长存的希望,让我们一起来努力实现这个梦想吧!

生物武器对环境的影响

生物武器是指以生物战剂杀伤有生力量和毁坏植物的各种武器、器材的总称,它是一种能使众多人畜和农作物等患病乃至死亡的特殊武器,和常规武器、化学武器、核武器并称为四大武器系统。它总会引发瘟疫,被称为"地狱瘟神"。

人类在战争中使用生物武器的历史可以追溯到很久以前,公元前600年,亚述人用黑麦麦角菌来污染敌人的水源;古希腊政治家和战略家梭伦,在围城时用臭菘给敌人的水源下毒;1763年南北战争中,美联邦军队曾向宾夕法尼亚州居民分发沾染了天花病毒的棉被;第二次世界大战期间,日本一直在潜心研究生物武器,组建了臭名昭著的"731"部队。在日本侵华期间,"731"部队对中国人民犯下了滔天罪行,在浙江、湖南、江西、山东、江苏、东北等省区内,布洒鼠疫杆菌、副伤寒菌、霍乱菌等,造成中国军民大批染病死亡。直至当今,在我国的某些地区(如东北)每年要投入大批的人力、物力进行灭鼠防疫。由此可见,生物武器的使用,对环境的破坏与人类健康的影响是长期的。

人口爆炸的忧思

认识危险品的标志

范围：放射性
实例：铀

范围：易燃
实例：煤油

范围：腐蚀性
实例：盐酸、氢氧化钠

范围：易爆
实例：硝化甘油

范围：有毒
实例：氯气、汞、聚氯联苯

●游行

●战争的结果

人口爆炸的忧思

第9章
爱人类爱地球

在地球漫长的时间进程中，经过几十亿年的演化才有了人类，又经过几万年的时间，人类成了地球的主人，我们应该珍惜这得来不易的一切，爱我们人类，更要爱使人类得以孕育生命的地球。

寻找地球生灵演变的痕迹

课题目标

发挥你的调查天才,找出地球生命演变的痕迹,人类生命的起源,并身体力行实施你的环保小建议。

要完成这个课题,你必须:

1. 和家长、老师或者好朋友一起合作。
2. 需要了解地球生命演化的情况。
3. 人类的起源与进化。
4. 给你的同学或家长汇报一下。

课题准备

可以与你的好朋友上网了解关于地球生命演化的相关知识。也可以通过老家和父母了解人类的起源知识。

检查进度

在学习本章内容的同时完成这个课题。为了按时完成课题,你可以参考以下步骤来实施你的调查计划。

1. 查出地球的年龄。
2. 知道地球各个纪元的划分。
3. 人类起源的相关资料。
4. 将这些知识讲给你的小伙伴们听。

总结

本章结束时,可以和你的伙伴一起向父母、老师讲述你的环保调查成果。

延伸阅读

地球日的诞生

国际湿地日	2月2日
中国植树节	3月12日
世界水日	3月22日
世界地球日	4月22日
国际生物多样性日	5月22日
世界无烟日	5月31日
世界环境日	6月5日
世界海洋日	6月8日
世界防治荒漠化及干旱日	6月17日
中国土地日	6月25日
世界人口日	7月11日
清洁地球日	9月15日
国际保护臭氧层日	9月16日
世界动物日	10月4日
国际减少自然灾害日	10月14日

1970年4月22日，美国哈佛大学法学院的一个25岁的学生——丹尼斯·海斯在校园发起和组织了人类历史上的第一个"地球日"。他被誉为"地球日"之父。他为"地球日"的诞生作出了巨大贡献，后来又为呼吁保护环境的公益活动作出了巨大的贡献。

丹尼斯长在美国西北部，环境优美的哥伦比亚峡谷。自小他就热爱大自然，虽然在大学里主修的是法学，但是由于热爱自然的天性，他还是很关注环境问题，并且愿意为保护环境作出贡献。后来，他也找到了机会。当时是20世纪60年代末，人们从狂热的工业热潮中开始醒悟，不可持续的生产方式和生活方式带来的全球环境危机比

人口爆炸的忧思

现代化生活来得更猛烈。

1969年夏天，美国威斯康星州民主党议员盖洛德·纳尔逊和他参议院的同事们成立了一个组织，制定了全国性的"地球日"的活动计划，并宣布了这件事情。当丹尼斯听到纳尔逊的提议时，他乘飞机到华盛顿去见纳尔逊。纳尔逊听了年轻的海斯的设想，很是高兴，表示愿意任用海斯。于是海斯暂时停止了原先的工作，一心一意投入到环境保护的公益事业上来。

于是1970年4月22日成为了第一个"地球日"。它的影响力是巨大的，这一天，全美的10000所中小学、2000所高等院校和2000个社区及各大团体共计2000多万人进行游行、集会和演讲。到了1990年，美国国会宣布将每年的4月22日作为美国法定的地球日。

慢慢地，全世界人民都开始在"地球日"这一天进行各种各样的纪念活动来提倡保护环境。

绿色革命

绿色革命的狭义概念是指发生在印度的"绿色革命"。从1967年到1968年,印度首先开始了利用先进的科学技术来提高粮食产量的"绿色革命"的实验,结果印度的粮食产量有了大幅度的提高。但是广义的绿色革命是指在生态学和环境科学基本理论的指导下,人类适应环境,与环境协同发展、和谐共进所创造的一切文化和活动。

由于进入了工业化社会,我们对地球的开发利用和对环境的破坏使我们的地球疲惫不堪。我们需要进行一场革命来改变现状,来拯救我们身心俱惫的地球。我们需要从以前的人类文明史中反思来建设一种新的文明。现在,绿色文明开始席卷全球。这是对我们人类进入工业文明时期以来走过的道路的反思。

绿色文明主要包括三个方面的内容,绿色经济、绿色文化、绿色政治。绿色经济是绿色文明的基础,绿色文化是绿色文明的至高点,绿色政治是绿色文明的保障。而绿色文明的基本概念就是能够持续满足人们幸福感的文明。任何文明都是为了满足人们的幸福感,而绿色文明的最大特征就是能够持续满足人们的幸福感,持续提升人们的幸福指数。

延伸阅读

绿色消费,也称可持续消费,是指一种以适度节制消费、避免或减少对环境的破坏、崇尚自然和保护生态为特征的新型消费行为和过程。绿色消费以保护消费者健康为主旨,符合人的健康和环境保护标准的各种消费行为和消费方式。具体来说,倡导消费者选择未被污染或有助于公共健康的绿色产品;在消费过程中注重对废弃物的处置,不造成环境污染;引导消费观念,崇尚自然、追求健康、注重环保、节约资源,实现可持续消费。

绿色文明道德观提倡人类与自然的和睦相处、协调发展、协同演化。即人类应该理解自然规律并且尊重自然本身的生存发展权。就是人类向地球开发利用与地球允许人类的开发利用应该是一种动态的平衡,人类不能一味地不开发不利用,也不能过度地开发利用,而应该是适度地开发利用,让自然可以再持续地发展。

发展绿色文明,推广绿色革命,势在必行。我们共同生活在地球村里,珍惜和爱护我们的家园是我们每一个地球公民应尽的义务和责任。只有我们的家园美丽漂亮,我们才可以生活得更快乐、幸福。我们要尽自己最大的力量发动自己身边的亲朋好友,共同进行属于我们全人类的绿色革命!

绿色革命的进程

延伸阅读

丝绸之路沿线古文明的消失,固然与气候变干、降雨量减少、冰川融水萎缩、河流断流、水系改道等自然因素的变动有关,但土地的过度开垦、生物资源和水资源的不合理利用、天然植被的破坏以及频繁的战争等人为因素,加剧了土地盐渍化、水资源耗竭和环境退化,这是导致丝绸之路沿线古代文明消失的主要原因。

上一节我们介绍了绿色革命,那么我们这一节就要向大家介绍一下人类进行绿色革命的进程。

美国海洋学家、环境学家蕾切尔·卡逊写了一本名为《寂静的春天》的书,预言了一个不美好的明天。讲述的是化学药剂对自然环境、生物、人体健康都有很大的影响,造成了毫无生机的春天,春天由鸟语花香变成了寂静无声的春天。然后在民众对这本书的关注下,人们开始了第一次环境革命。

1980年3月5日,联合国向全世界发出呼吁必须要保护环境,提出来可持续发展战略。这是第二次环境革命和可持续发展的提出。可持续发展是一种注重长远发展的经济增长模式,指出既要满足当代人的需要又不损害后代人满足其需要的能力,而且是科学发展观的基本

要求之一。

工业是现代化经济的核心,也是社会发展不可缺少的动力。《我们共同的未来》这本书以丰富的资料论述了当今世界环境与发展方面存在的问题,提出了处理这些问题的具体的和现实的行动建议。这份报告鲜明地提出了三个观点:

1. 环境危机、能源危机和发展危机不能分割;
2. 地球的资源和能源远不能满足人类发展的需要;
3. 必须为当代人和下代人的利益,改变发展模式。

所以,在工业生产中,应该更有效地利用资源,同时更少地产生污染和废物。最大限度地减少对人体健康的危害和对地球进行的不可逆转的影响。

人类像个不知足的孩子,不断向地球索取着资源,开采挖掘,毫无节制,还在为自己的聪明庆幸不已。好在,人类还算"识趣",在地球母亲发出黄牌警告后,开始懂得环境的重要性。

我们的绿色革命历程还有很远的路要走,但是只要我们齐心协力,我们一定会保护好我们这个美丽的大家园。

人类只有一个地球

美国海洋学家、环境学家蕾切尔·卡逊的《寂静的春天》一书出版后，引起了民众的强烈关注。书中描绘了因为杀虫剂杀死了虫子，鸟儿也减少了，所以，春天一改往日鸟语花香的热闹景象，变成了毫无生机无声寂静的春天。

随着重大公害事件在世界范围内频频发生，《寂静的春天》唤起了民众的环保意识。人们开始关注环境问题，开始考虑资源掠夺和战争行为对环境造成的影响。

从我们人类的祖先由树上来到陆地上生活，由四肢爬行到直立行走解放双手以来，我们人类就开始从地球上众多生灵中脱颖而出，成为佼佼者。自此，我们人类开始了新的征程，钻木取火，石器时代，我们创造了属于自己的文明，我们从愚昧无知的蒙昧时代到现代文明时代，我们智慧的祖先，逐渐加快进步的速度，一步一步开拓我们人类的疆土，所向披靡，一路畅通无阻，加快历史车轮的行进步伐，很快，我们进入了工业时代，火车轰隆，邮轮鸣笛，汽车行驶在街上，工厂里浓烟滚滚。人类得意洋洋地享受

人口爆炸的忧思

着工业时代的福利。悄然间,已逾300年。肺结核、肿瘤、癌症,各种各样的疾病向人类袭来。土地沙漠化、沙尘暴、酸雨、海啸、地震,各种自然灾害频频发生。人们开始反思,我们做错了什么?

人类像不知足的孩子,不断向地球索取着资源,开采挖掘,毫无节制,还在为自己的聪明庆幸不已。好在,人类还算"识趣",在地球母亲发出黄牌警告后,开始懂得了保护环境的重要性。

我们的地球是美丽的,在太空中遥望我们的地球,是一颗美丽的水星,晶莹剔透。我们人类依傍着它,繁衍生息上万年。我们是多么爱这颗美丽的星球啊。

一旦这个仅有的家被破坏了,我们人类该何去何从呢?我们的家园该建造在哪里呢?有的人说,搬到外星球上去,浩瀚的宇宙这么广阔,一定有适宜人类居住的星球。那么,人类要跑到以光年计算距离的星球上去生存,运输就是一件困难的事情。于是,有人就把目光转移到离地球较近的火星上了。就算人类可以赶到火星,但火星比地球寒冷得多,一年的平均温度在零下40至零下60摄氏度。而且火星上存在着宇宙高能离子辐射、宇宙磁场,对人体健康极为不利。虽然它们不至于让登上火星的人马上死亡,但是这种危害也是慢性的和致命的。待不了多长时间,就可能因为辐射而患上各类癌症、白内障以及神经系统受到伤害后的各种疾病。

所以,我们现在能做的就是保护好我们仅有的地球。

生态文明

延伸阅读

生态文明,是指人类遵循人、自然、社会和谐发展这一客观规律而取得的物质与精神成果的总和,是指以人与自然、人与人、人与社会和谐共生、良性循环、全面发展、持续繁荣为基本宗旨的文化伦理形态。只有做到生态文明,人类才会有美好的未来,地球也将不会再窒息!

自从工业革命开始三百年以来,人类的工业文明主要的特征是人类征服自然。但是近些年来,我们的地球发生了一系列的生态危机,这说明我们需要一种新的文明。就是要开创一个新的文明形态来延续人类的生存,即生态文明。如果说农业文明是"黄色文明",工业文明是"黑色文明",生态文明就是"绿色文明"。

从狭义的角度来解释生态文明的话,生态文明只是社会文明的一个方面而已。大多数人这样认为,生态文明是在物质文明、精神文明、政治文明之后出现的第四种文明。我们和

　　谐的社会文明是由物质文明、精神文明、政治文明与生态文明所组成的。这种狭义的文明要求改善人与自然的关系，用文明和理智的态度对待自然，反对粗放利用资源，建设和保护生态环境。而广义的生态文明就是生态文明只是人类的一个发展阶段。总之，所谓的生态文明就是人类文明的一种形式，它以尊重和维护生态环境为主旨，以可持续发展为依据，以未来人类的继续发展为着眼点。

　　地球是我们共同的家园，要发展生态文明，人类就要开始醒悟，懂得要保护我们唯一的共同家园，在过去的三百年里，我们人类只顾埋头苦干，努力发展工业，为人类自己谋求福利，但是没有发现由于工业文明的快速发展，我们已经过度开发和利用了地球资源。现在，我们人类开始苏醒，呼吁社会各界关注环保，注重环保、提倡在发展工业的同时，进行可持续的发展战略。

知识的复习与补充

学习了本章的知识,你一定了解了人类与自然的关系。下面这些问题你能回答出来吗?

1. 生态文明的优点有哪些?
2. 农业文明、工业文明、生态文明分别可称为什么?
3. 知道至少五个环保方面的节日。

丝绸之路沿线文明的衰亡

新疆塔里木盆地的塔克拉玛干沙漠南部,曾是中国历史上最发达的地区之一。那里早在新石器时代就出现了灌溉农业,公元前2世纪张骞出使西域时,看到不少沙漠中的城郭和农田。此后,西域广大地区统一于汉朝中央政府管辖之下,发展屯田,兴修水利。作为西域交通要道的丝绸之路南道所经楼兰、且末、精绝、渠勒、于田、莎车等地均有很发达的农业。到了唐代,农业更为发达,《大唐西域记》详细记载了焉耆、龟兹、莎车、于田等地的农业盛况。古楼兰王国以楼兰绿洲为立国之本,历经数个世纪,曾经繁盛一时。而今天,沿昔日繁华的丝绸之路掠过,古代的大片良田已沦为流沙,古城的废墟历历在目,曾经浩瀚的罗布泊已经干涸,楼兰等绿洲已沦为不毛之地,丝绸之路沿线的古文明已湮灭于荒漠的吞噬下。

快乐行动小指南

从小事做起，即使看起来多么的微不足道，多少也会对地球环境有所贡献，一个小习惯就有可能改变未来：

1. 空调温度不要过高或过低
2. 定期清洁炉灶
3. 别让电器处于待机状态
4. 用绝缘毯包裹电热水器
5. 让冰箱远离热源
6. 定期给冰箱除霜
7. 将单层窗户换成双层
8. 做饭时盖上锅盖
9. 合理使用洗衣机
10. 用淋浴代替泡澡
11. 少用热水
12. 用晾衣绳代替烘干机
13. 增强房屋的御寒性能
14. 回收利用部分垃圾
15. 回收有机废物,采用堆肥处理
16. 明智的购物、绿色消费
17. 重复使用购物袋
18. 种一棵树
19. 改用绿色能源
20. 购买本地出产的食物
21. 购买新鲜而非冷冻的食物
22. 少吃肉
23. 少乘坐飞机
24. 使用二手物品
25. 动员同学参加环保行动和绿色消费
26. 少消费,多分享,简单生活
27. 不用的物品送人
28. 用扫把打扫房间和院子
29. 用手绢少用纸巾
30. 看电视时声音不要开太大
31. 随手关灯、节约用电
32. 拧紧水龙头
33. 少用贺卡,节省纸张

● 核弹的破坏

你知道原子弹爆炸的危害吗?

它可以释放出对人类致命的辐射!

它还能破坏一切生态环境!

它要是能破坏你这张唠叨不休的嘴就好了!

● 消失

女儿,过来帮忙洗菜!

我正在看《消失的楼兰》呢。

你再不过来帮忙,我就让你消失!

人口爆炸的忧思

●环保日

●谁是主角